京都ここだけの話

日本経済新聞 京都支社 編

JN264853

日経プレミアシリーズ

まえがき

京都は楽しさが詰まった魔法の玉手箱のような街です。四季折々に違う表情を浮かべる街並み。過去に通じるタイムトンネルの入り口が随所にあり、長い歴史が磨き上げた食や伝統文化がごく身近にあるのも魅力です。京都ファンにリピーターが多いのも訪れる度に宝物が見つかるからですが、手間をかけずとも玉手箱のふたを開ける方法はあります。

例えば舞妓《まいこ》さん。遠くから眺めるだけでなく、気軽に話してみたいと思ったことはありませんか。よほどの京都通でなければ無理と思うのは早計です。「一見さんお断り」の店にも入る術はあります。婉曲な言い回しが誤解を生みやすい京言葉も、慣れてしまえば人間関係をスムーズにする知恵の産物であることが分かります。

本書には、京都に赴任した記者が、数多くの「京都本」を読んでも判然とせず、地元の人に聞いて会得し、取材や日常生活を通じて見つけた「とっておきの情報」をふんだんに盛り込みました。

京都は有力ベンチャー企業がひしめく進取の気性に富む、活気に溢れた産業の街でもあります。歴史や文化だけでなく、経済にまつわる蘊蓄《うんちく》も織り交ぜました。旅行やビジネスに役立つ、実体験に基づく京都指南書として活用していただければ幸いです。

本書は日経電子版で連載中のコラム「京都ここだけの話」（http://www.nikkei.com/life/gourmet/）をベースにまとめました。取材・執筆には京都支社編集グループの瀬崎孝支局長と、重田俊介（現・政治部）、荒木勇輝の各記者が当たりました。刊行に際しては編集グループのスタッフ、田中友梨さんをはじめ多くの方々のご協力を得ました。この場を借りて深く感謝申し上げます。

２０１２年９月

日本経済新聞社

京都支社長　源関　隆

目次

第一章 「よろしおすな」の本当の意味

「よろしおすな」の本当の意味――11
其の一 舞妓さんと宴席、その相場は……――12
其の二 一見さんお断り、突破するには……――20
其の三 京都の人って、本当に意地悪？「京都本」の正しい読み方――27
其の四 独特の政治風土で、「まつりごと」の先を読む――38
其の五 「よろしおすな」の本当の意味 知らないと恥をかく言い回し――48

第二章
京都巡りには裏ワザがある——57
其の一
宿の穴場は滋賀県にある——58
其の二
混雑知らずの京都巡り、裏ワザ使えばストレスなし！——66
其の三
500円でも大満足のお土産——74
其の四
男もすなる生け花、お茶……「おけいこ観光」のススメ——82
其の五
学生だから知っている、お得に楽しむ秘訣とは——92

其の六 アジサイ、水族館、市場……　雨の京都を楽しむ ―― 101
其の七 泊まれる「町家」に注目　1万円でスイート並みも ―― 107

第三章 学校では教えてくれないコト ―― 115

其の一 学校では教えてくれない京都の歴史 ―― 116
其の二 餃子の王将に赤本、白ローソンに黒マック!? ―― 124
其の三 老舗が何百年も生き残れる理由 ―― 139

其の四 なぜテレビドラマの「事件」は、京都ばかりで起きるのか——147
其の五 かつて日本第4位の都市だった「伏見」の奥深さに迫る——154

第四章 大人のための遊び方入門——163

其の一 食は路地裏にあり B級ならぬZ級グルメ——164
其の二 お寺で宿泊、座禅…… 大人の修学旅行——173
其の三 充実のナイトライフ 絶景夜桜に感激——180

其の四
雨、満席、日焼け…… 京都の川床で失敗しない法 187

其の五
皇居一周より楽しい鴨川ラン!? 196

其の六
ホテルから居酒屋まで、穴場を外国人に教えてもらう 204

其の七
あなたもつける除夜の鐘 年越しは京のお寺で 213

本文イラスト◆鎌田多恵子
(日本経済新聞社デザイン部)

本書の登場人物

登場人物はフィクションです

東太郎 あずま・たろう 30歳

中堅記者。千葉県出身。
人生初の「関東脱出」で京都支社に転勤し半年。
取材時もオフの日も突撃精神で挑むが、
時に空回りも。
休みの日は自転車で名所を走り回る。

竹屋町京子 たけやまち・きょうこ 25歳

支社の最若手記者。
地元出身、女性ならではの視線から、
転勤族の「知識の穴」を埋める。
相手が誰だろうが、
間違いに対しては鋭くツッコミを入れる。

岩石巌 がんせき・いわお 50歳

支社編集部門の部長。
立場上、地元関係者との交遊も広く、
支社で一番の「京都通」を自認する。
「あと何回、この街で酒が飲めるかなあ」が
最近の口癖に。

第一章

「よろしおすな」の本当の意味

其の一

舞妓さんと宴席、その相場は……

出張や旅行で京都へ、となると思い浮かべる人が多いのが舞妓《まいこ》さん。高嶺の花というイメージがありますが、実際のところはどうでしょう。

大勢で「割り勘」なら、「1万円〜」の場合もある

東太郎◆うーん、弱りました。
岩石部長◆どうした、珍しく元気がないな。
竹屋町京子◆東京から遊びに来る先輩に「舞妓さんと遊びたい」ってリクエストされて困っ

ているそうです。

太郎◆なかなか土地勘が……。そもそも舞妓遊びはどのぐらいかかるんでしょう?

部長◆お茶屋遊び、と上品に言った方がいいぞ。京都には5つの花街《かがい》があって、それぞれにお茶屋と置屋《おきや》がある。

京子◆舞妓さんや芸妓《げいこ》さんを呼べるお座敷があるのがお茶屋で、彼女たちが住み込んでいるのが置屋ですね。

部長◆お茶屋に呼ぶと飲食代のほかに、彼女たちが置屋を出てから戻るまでの時間に応じた料金がかかる。「花代」と呼ぶものだな。

太郎◆なるほど。

部長◆松竹梅で説明しよう。松は午後6時ごろからお座敷に入る場合。お茶屋によっても幅はあるが、こちらの負担は1人あたり飲食代込みで6万円くらいと見ておけばいいかな。

太郎◆……。

部長◆竹にあたるのが、午後9時ごろからの「後席《あとせき》」。続けて2次会にまで呼んでいただいた分は多少安くしましょう、というわけだな。もっとも最近は企業の接待費が減り、彼女たちを呼ぶのは後席だけというケースも増えているそうだ。

京子◆お茶屋は一見《いちげん》さんお断りですから、知り合いに常連さんがいないと入れないんですよね。

部長◆いや、そうとも限らない。つてがなくても、お茶屋と提携しているホテルや旅館、料理店に頼めば舞妓さんを呼んでもらえる。それにこっちが大勢なら、1人あたり1、2万円ぐらいにおさまる。これが梅、だな。

太郎◆それでも1万円以上ですか……。

京子◆夏限定ですが、気軽に舞妓さんに会える場所もありますよ。

歌舞練場の庭のビアガーデンで、なんと……

太郎◆上七軒《かみしちけん》のビアガーデンですね。歴史を感じさせる建物です。

京子◆歌舞練場の庭で飲めるので、風情があるでしょう。メニューは普通のビアガーデンですが、舞妓さんや芸妓さんが交代でテーブルを回ってくれるんです。

太郎◆あ、このテーブルにも舞妓さんが向かって来ますよ！

さらに ここだけの話

京都花街ならではの課金システム

全国には東京や金沢など、京都以外でも「花街」といわれる場所が残っている。そうしたほかの花街と京都との違いは何だろうか。まず芸妓さんと呼ばれる女性たちは各地にいるが、舞妓という名称があるのは京都だけだ。

京都の花街関係者によると、この舞妓さんを派遣する時の課金システムが独特だという。家事代行などをイメージすると分かりやすいが、一般的な出張サービスは現場で働いた時間に応じて料金が決まる。ところが舞妓さんの「花代」は、置屋を出てから置屋に戻るまでの時間が対象になる。舞妓さんは日本文化をＰＲするために海外出張に出向くことも多く、例えば２０１０年の上海万博では宮川町の舞妓さんが日本館で踊りを披露した。

こうした場合には踊っている時間だけでなく、中国に向かう航空機での移動時間にも花代が発生しているということになる。ちなみに花代は１日の最高額が決まっており、8万~10万円が相場といわれている。出張中は「旅行花」と呼ぶ特別な料金体系もあるようだ。

部長◆おい、あれは芸妓さんだ。舞妓さんは地毛で日本髪を結っているが、芸妓さんはかつらをかぶっているからな。
京子◆普段の着物姿と違って浴衣姿が見られるのは貴重ですね。見た目も涼やかだし。
太郎◆各テーブルを行ったり来たりですね。
部長◆混雑時はだいたい15分で次のテーブルに動くんだ。
京子◆天気が悪くてお客さんが少ない時はじっくり話せるチャンスです。私の父は台風の日を狙って通ってますよ。
部長◆ははは。夜10時までの営業だが、団体客が帰り始める午後8時以降も狙い目だ。
太郎◆我々も雨の日はさっと取材を終えてここ

有名企業のトップもお忍びで来てますよね。
お忍びというか、フツーに来て堂々と飲んでますよ。

に来ましょう。

部長◆最近はお茶屋が経営する「お茶屋バー」も増えてきた。運が良ければ舞妓さんたちと会えることもある。普通のバーより多少高いが、一見さんでも入れる店があるからサラリーマンにはうってつけだな。ただし、他の人が呼んだ舞妓さんに話しかけるのはNGだぞ。

舞妓さん、カメラを向けたら、一般人

太郎◆そういえば、私の母も京都に来て舞妓さんが見たいと言っていました。お酒は飲めないんですが、そんな母でも楽しめる場所はありますか？

部長◆やっぱり五花街の舞台公演だろう。舞妓

舞妓の舞も鑑賞できる「ギオンコーナー」は写真撮影OKで外国人にも人気

さんにとっても年に1度の晴れ舞台だ。上七軒の「北野をどり」、祇園甲部の「都をどり」など、公演が集中する春は街全体が華やぐ感じだな。

京子◆そうですね。入場料は2000円から4500円。抹茶と菓子が楽しめるお茶席付きチケットもありますよ。

部長◆花街好きなら「おおきに財団」に入会するのも手だ。正式名称は京都伝統伎芸振興財団。年3万円の会費がかかるが、五花街の各公演に無料招待してもらえたり、お茶屋を紹介してもらえたりと特典は多いぞ。

京子◆通年で舞妓さんの京舞が見られる「ギオンコーナー」も初心者にはおすすめですよ。あとは祇園あたりを歩いているだけでも、お座敷への行き帰りの舞妓さんをよく見かけますし。

部長◆京都は観光地のイメージが強いが、舞妓さんたちにとっては生活空間だからな。まあ、最近は一般の人がなりきった「変身舞妓」が歩いていることも多いな。

京都の五花街と舞台公演

花街	公演名	日程
上七軒	北野をどり	3月25日～4月7日
祇園甲部	都をどり	4月1日～30日
宮川町	京おどり	4月第1土曜～第3日曜
先斗町	鴨川をどり	5月1日～24日
祇園東	祇園をどり	11月1日～10日

（注）京おどりは年によって変更あり

太郎◆カメラを向けたら「私、本物じゃありませんけど」と言われたことがあります。

部長◆写真を撮りたい気持ちは分かるが、舞妓さんを走って追いかけるのはマナー違反。くれぐれも迷惑にならないようにな。

其の二

一見さんお断り、突破するには……

京都の飲食店やサービス業を語るとき、よく耳にするのが「一見《いちげん》さんお断り」。人を寄せ付けない、冷たい印象を持つ人が多いようですが……。

大臣も、社長も、そしてあの人も「予約が一杯で……」

東太郎◆大変です、特ダネです！

岩石部長◆なんだなんだ、1面ネタか？

太郎◆一見さんお断りの店に入る術を聞いてきました。

竹屋町京子◆花街《かがい》で油を売ってたんですか？　一見さんお断りって、文字通り初めての客は入れないよってことですよね。

部長◆その通り。かの小泉純一郎元首相がまだ厚生相だったとき、一見さんお断りで有名なある料理店を訪ねたが入れずじまいだった、という話は祇園では有名だぞ。

京子◆でも、そこは京都。店内にお酒のボトルを並べておいて「今日は予約で一杯なんです」とやんわり伝えたそうです。

部長◆入れなかった店もすごいが、小泉氏もすごいな。その日は「総理大臣になったら入れてくれ」と言い残して去ったんだ。半ばジョークと受け取られていたが、見事首相の座を勝ち取って2005年に来店した。名目はノーベル化学賞を受賞した島津製作所の田中耕一氏との会食だったが、郵政民営化に対する執念に似たようなものを感じるな。

京子◆小泉さんだけじゃないわ。パナソニック創業者の松下幸之助氏やライブドア社長だった堀江貴文氏、それに外国の首脳まで入れなかったそうです。

部長◆札束を積み上げてもダメだった、なんて話もあるな。一見さんを受け入れると「店肌が荒れる」という表現も聞いたぞ。

クレジットカードの支払い

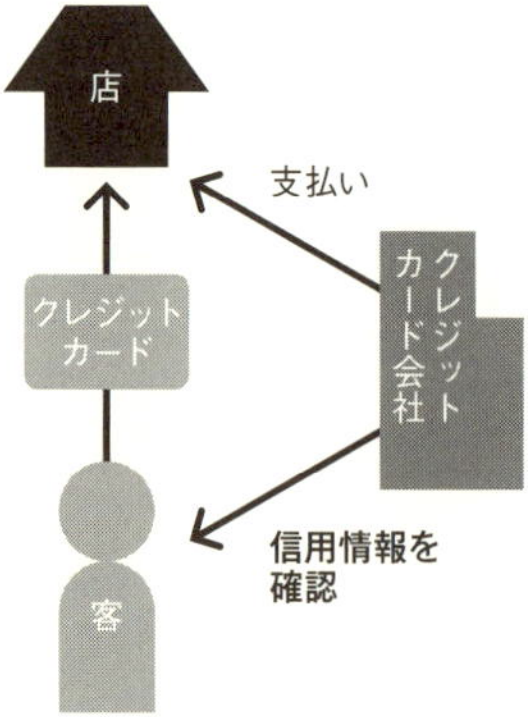
店
支払い
クレジットカード
クレジットカード会社
信用情報を確認
客

「一見さんお断り」に多い後日精算システム

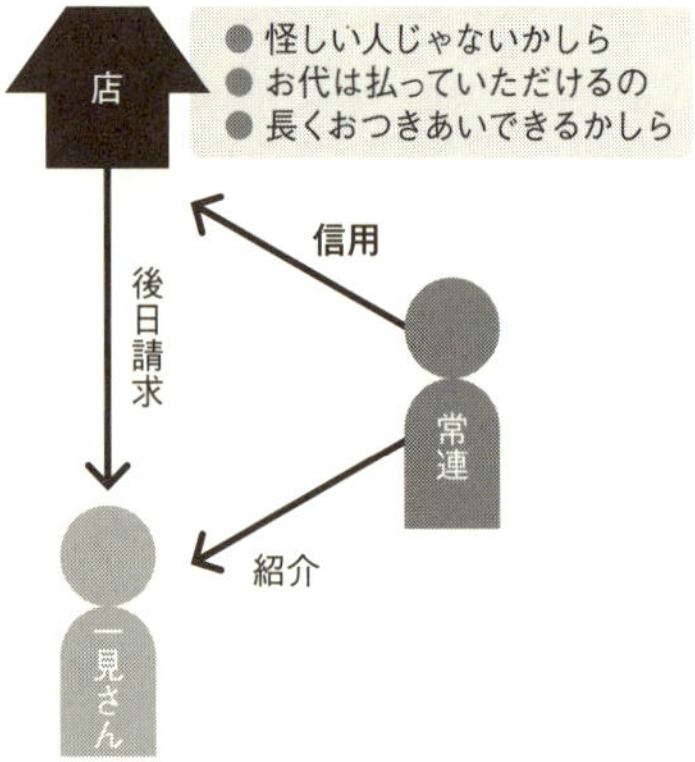
店
● 怪しい人じゃないかしら
● お代は払っていただけるの
● 長くおつきあいできるかしら
信用
後日請求
常連
紹介
一見さん

太郎◆どうしてそこまでかたくななんでしょう。顧客拡大のチャンスをみすみす逃してませんか？

部長◆理解するには、まず独特の決済の仕組みを知らないといけない。実は今でも、クレジットカードを使えない飲食店がかなりある。店で現金で支払いを済ませてもいいが、後から請求書を送ってもらうケースが多いんだ。

太郎◆私も聞いたことがあります。花街を支えていた昔の旦那《だんな》衆は、財布を持ち歩かずに遊び歩いたって。

京子◆京都ではクレジットカード会社が与える信用よりも、お客様それぞれの顔の信用を重視する、ってわけですね。

部長◆そこで大事なのが飲食した客が何らかのトラブルで支払ってくれなかったときのリスク対策だ。誰かに紹介してもらった人であれば、店はその紹介元に請求すればいい。カードがない時代からこうした知恵で経営を安定させていたわけだな。

やはり王道は「紹介」。でも「熱意で勝負」が通じるかも

太郎◆ということは、店に紹介してくれる旦那さんをまず探さないといけないのか。

京子◆一見さんお断りに連れて行ってもらうため知り合いになるんですか？狙いがバレたら、相当恥ずかしいですよ。

部長◆でも、行きたい店に出入りしている知人がいるかどうか、自分の知り合いに当たって

みるのはたしかに早道だぞ。京都や大阪にいる知人に、恥ずかしがらずにお願いするのがいいだろう。

京子◆しかし、そんな知人もいないとなれば？

部長◆じゃあ、ある東証1部上場企業の経営者の成功例を紹介しよう。彼はずっと気になっていた料理屋に入ろうと門をたたいたが、当然のように断られた。数日後に「もう一見さんではありませんよね」と再訪してもやっぱりダメ。その後、身分を明かして「もう一度来ますので、その際に使わせてください」とお願いしたところ、ようやく入ることができた。

京子◆熱意があれば通じるお店もある、ってことですか。一見さんお断りの店には一流どころが多いですが、試してみる価値はありそうですね。

部長◆熱意を見せ続けるのはカッコ悪い、苦手だという人にはおすすめできないがな。

「抜け道」は意外なところにある

部長◆それで太郎くんよ、特ダネって一体なんなんだ。

太郎◆ホームページを開設している店や、店頭にメニューや料金を掲げる店だったら、一見さんでも入店できるっていう情報なんですけど……。

部長◆こらっ！　そういう店なら、そもそも一見さんお断りじゃないだろ。

京子◆でも大事な着眼点だと思います。最近は「ミシュランガイド」など京都の料理店を紹介した書籍が多いし、グルメサイトで店の情報が出ているところもあるの。そうした店の多くは、初めての人でも利用できるものね。

部長◆なるほどな。そもそも祇園や先斗町あたりじゃ、一見さんお断りのお茶屋と同じ外観なのに誰でも入れる店があるが、あれって不慣れな人には区別がつかないからなあ。店頭まで来て、雰囲気に押されてあきらめるのはもったい

外にメニューがある店なら一見さんでもOK（祇園・花見小路）

ない。

京子◆それに最近まで一見さんお断りだったのに、不景気で「どなたでも」に改めた店も続出していると聞きます。先輩のいうように、あらかじめ「一見さん可」と判断できれば、観光客の飲食も選択肢がずいぶん広がるんじゃないかしら。

太郎◆そうそう、それが言いたかったんです！ 付け加えると、夜は一見さんお断りでもランチならＯＫ、という店もあるんです。そんなの、京都に転勤してくるまで知りませんでした。お昼時に通って顔を売れば夜の突破口になるんじゃないか、って考えてるんです。

部長◆あの手この手だな。その心構えで取材も頑張ってくれ。

最初はなんて意地の悪い街かと思いましたよ。
付き合いを大切にするがゆえ、だよな。

其の三

京都の人って、本当に意地悪？「京都本」の正しい読み方

観光情報や歴史、文化、そして人々の気質まで紹介する「京都本」。不況続きの出版業界にあって数少ない人気コンテンツですが、妙なイメージや〝悪評〟を増幅する傾向も。正しい読み方を身に付ける必要があります。

「京都＝いけず」本が目立つけれど……

岩石部長◆特ダネも出るようになったし、京都暮らしにもようやく慣れてきたってところか。

東太郎◆何かに追われるように「京都本」を読みあさった日々が懐かしいです。最初はおっ

かなびっくりでしたから。

竹屋町京子◆「京都らしい店に連れてって」と頼まれてイラッとするようになったら、もう立派な京都人ですよ。

部長◆ははは。頭でっかちは良くないが、足らざるを埋めようとする姿勢は好ましいな。

太郎◆京都人気質について「いけずな人が多い」と説明しているのが目に付いて、正直びびってました。転勤前に「面倒な街だから」と脅す人もいましたし。

部長◆いけずって、意地悪ということだな。たしかに「錦小路の散歩など、野暮《やぼ》な観光客がすること」なんて記述に出くわすと、ドキッとして身構えてしまうもんな。

京子◆エッセーやマンガに多いんですが、京都本を書いている京都人が悪ノリしているというか、ハードルを高くしている面もあると思います。

部長◆面白いからつい読んでしまうけどな。

京子◆京都に関する本はたくさん出ていますが、実は京都の人がよく買うそうです。地元最大手の大垣書店の担当者によると「一時ほどではないが、出れば売れる」そうです。

太郎◆どう書かれているか、気になるというのもあるんでしょうけど。ここ数年は新書、文庫サイズのコンパクトな本が伸びていると聞きました。「手っ取り早く、でもきちんと知りたい」というニーズに応えているそうです。

部長◆でも京都の人なら、地元のことはよく知ってるんじゃないのか？

京子◆それがそうでもなくて。カフェでもバーでも、知ってるエリアは限られているから、網羅的なガイドは喜ばれるんです。

部長◆なるほど。

京子◆ましてや歴史や文化は苦手な人も多いですからね。

京都本は京都でも人気。
専用の書棚やコーナーを設ける書店も多い

福沢諭吉の慶応義塾が京都にもあった!

太郎◆歴史や文化を知らないと責められると、たしかに返す言葉もありません。大学の街といわれる京都ですが、母校の慶応があったなんて知りませんでしたし。

部長◆なんだ、それは?

太郎◆福沢諭吉が1874年(明治7年)に、京都府の要望に応じて京都所司代の跡地、今の府庁の場所に「京都慶応義塾」を開設したんです。主任は後の三菱の大番頭、荘田平五郎。教員不足などから1年で閉じましたが、府庁の門の左脇に石碑がありますよ。

部長◆悔しいが初耳だ。まだまだ勉強不足だな。

京子◆京都本の面白さのひとつは、書き手や彼らが属する世代によるギャップや変化を読み取ることだと思うんです。同じ情景や出来事を描いても、違いがあって……。例えば1979年(昭和54年)のエッセーにある鴨川ごしの描写に「今は京大病院の高層建築が赤煉瓦の建物の上に覗いて、少し風情を壊している」とあり、時代を感じます。

部長◆今は両方とも建て変わったからな。

京子◆同じころに同志社大学の教授が「京都というと、すぐ祇園だ、西陣だ、室町だというのは観光案内書の悪い癖だ」と注文を付けています。人気スポットの移ろいが伝わってきますね。

部長◆それでいうと、30年前にある作家が「このごろでは、哲学の小径などという新しくつくられた名所も仲間入りして、アンノン族に人気がある」と書いていたのを読んだぞ。近年は中国人観光客にも人気の観光スポットにだって〝できたてホヤホヤ〟の時期があったんだな。

太郎◆それこそ今なら町家をいかしたショップやレストランが人気ですが、世代がかわると違和感を持たれる可能性だってあるかもしれませんね。

部長◆我々は目先のニュースを追うのに懸命だが、長いスパンで物事を考える機会に恵まれているのが京都だな。千年の都、なんて言葉を持ち出さなくても、たかだか数十年でこれだからな。

京子◆京都は出版社も多く、美術図書で知られる光村推古書院や、茶道の裏千家に連なる淡交社などが有名です。ガイドブックや雑誌の京都特集を請け負う編集プロダクションも多い

さらに ここだけの話

「京都本」が売れる、そのワケは？

国内の旅行ガイドブックの売れ筋を地域別にみると、上位は京都、東京、北海道、沖縄。極端な場合、この4つしかないシリーズ（？）まであるという。京都に関しては、美しい写真でたっぷり見せる大判のものから文庫サイズまで幅広く、最近は「夜カフェ」「幕末龍馬の京都案内」「骨董《こっとう》入門」など様々なワンテーマのガイドも増えてきた。

こうした〝細分化〟された京都本が成り立つのはリピーターが多いから、という分析がある。京都市観光協会の調査によると、京都に来るのが「初めて」という観光客はわずか3％で、「10回以上」が過半数。自分なりの目的、テーマを設定して再訪する人がいるので、京都本も多様化が進む、というわけだ。

京都のある編集プロダクション社長は書店のPOSデータなどから「京都本の読者の8割が女性」と見る。女性誌以外の一般雑誌でも春と秋に「京都特集」を組むのは「確実に売れるからです」と明快。「地元の人」が「とっておき」を「オススメ」するのが黄金パターンだ。

し。

部長◆大学入試の過去問を集めた「赤本」を出している世界思想社教学社も、京都の出版社だ。

「下手な京都論」には、くれぐれもご用心

太郎◆所蔵する京都本も100冊に迫ってきたので偉そうに言いますが、ガイドブックには当たり外れがありますね。

部長◆たしかに玉石混交ではあるな。われわれ読み手の側も、情報を追いすぎるというか頼りすぎるのには注意が必要だ。

京子◆飲食店の人気ランキングサイトも同じことが言えませんか？

部長◆たしかに東京あたりと違って、すごくいい店なのに口コミ件数が極端に少ないときがあるな。

京子◆本当に大事な店は知られたくない、ということでしょう。

部長◆逆にガイドブックやテレビで有名になった店の点数が甘い傾向があるな。

観光ガイドの次はコレ～オススメの「京都入門書」

都市を比べると…

都と京 ● 酒井順子 著
京都を「和のテーマパーク」と見切った東京出身の人気作家による、
巧みな比較文化論

宗教都市・大阪　前衛都市・京都 ● 五木寛之 著
商都・大阪、古都・京都というイメージから離れ、
大都市が持つ多様性を浮き彫りにする

京都が育んだ学者は…

京都 ● 林屋辰三郎 著
歴史学者が街の成り立ちをたどる。
初版（1962年）当時の写真と現状の比較も楽しい

梅棹忠夫の京都案内 ● 梅棹忠夫 著
地元出身の民俗学者が京都人の気質を説明しようと試みた、
ユニークな入門書

京都の平熱　哲学者の都市案内 ● 鷲田清一 著
人々の営みから食べ物、風俗を通じて、
対立や矛盾が同居する生まれ故郷の街を考察

「裏面」をのぞくと

京都　影の権力者たち ● 読売新聞社 編
僧侶、茶人、花街、共産党など、
京都のキーポイントの実像に迫ろうとした意欲作

右と左と裏――暴れん坊記者が明かす京都秘史 ● 笹井慈朗 著
地元紙記者の回顧録。
野中広務氏は序文で「京都の裏面史として新しい発見がある」

京都市政私史 ● 梶宏 著
勤めていた京都市役所や労組の実態を通じて、
戦後の地方行政の流れを追う

経営学の視点から

京都花街の経営学 ● 西尾久美子 著
人材育成法など、産業としての花街を分析。
専門用語の解説も豊富で初心者にも平易

京都型ビジネス――独創と継続の経営術 ● 村山裕三 著
『京都の企業はなぜ独創的で業績がいいのか』（堀場厚）も
合わせて読みたい

京子◆せっかく遠くから来たんだから、という心理が働いて、採点が甘くなるんでしょうかねえ。

太郎◆情報に振り回されるのは良くない、ということに思いが至りました。

部長◆もっといえば、下手な京都論や京都人論を振りかざしても、得るものはないとアドバイスしておこう。転勤族として働く者の基本だが、特に京都はそうだ。

太郎◆でも、つらいことが続くと、つい勤務地の悪口や文句のひとつも言いたくなりますよ。

部長◆ははは、たしかに「だいたい京都って街は……」「京都人は……」なんて言葉が口をつくのは、嫌なことがあった時だろうな。

京子◆当たり前ですけど、京都人といっても性別や職業、肩書、経済力、京都以外で暮らした経験の有無、さらには親の職業や受けた教育などによって、様々ですもの。

部長◆その通りだ。笑い話や小ネタとしてならうわさ話と同じで楽しめばいいが、冷静に読まないとな。日本論とか日本人論もそうだけど、とかくデカい話を語るのは「底が浅い」「軽い」と見られるリスクと背中合わせだ。

太郎◆特に歴史のある街だと、そうなんでしょうね。

部長◆思うに京都は鏡のような街だな。常にこちら側が試されれ、問われているんだ。「京都は意地悪でイヤ」だと思うなら、割り切ってクールに接するなり、無視すればいい。でも真摯に向き合えば、人づきあいをはじめ仕事の面でも必ず鍛えてもらえる。要は本人の態度次第なんだ。

京子◆狭い街ですから、噂はすぐ広まりますしね。私も実家が商売をしているので分かりますが、「口は災いのもと」「人を呪わば穴二つ」とか「金持ちケンカせず」なんて、とってもリアリティーがあります。

太郎◆梅棹忠夫さんの本に「京都人の人間関係のルールは千年来の都市生活がうみだした行儀作法の体系」という言葉がありました。

部長◆よくネタにされる「前の戦争は応仁の乱」という話も、実は味わい深い時間認識だ。京都本の面白みは数十年のギャップでも感じられたけど、京の都は千年だろ。よく「今は社

私もつい買っちゃうんですよ、京都本。
「座学」には限界があるんじゃないか?

会の激変期」なんて表現するけど、明治維新後の近代国家だってたかだか140年程度。世界観とまで言えば少し大げさだが、自分の「モノサシ」や世の中に対する理解は正しいのかと、常に自省しながら成長できる、またとない勤務地だ。

太郎・京子◈ 肝に銘じます。

其の四

独特の政治風土で、「まつりごと」の先を読む

長く都《みやこ》だった京都の人々は、権力との距離感も独特です。転勤族なら知っておかないといけない、政治に関する基本的なポイントをおさえておきましょう。

国政、地方……キーマンはみな京都人!?

東太郎◆2012年2月5日の京都市長選挙で、現職の門川大作市長が再選しました。選挙取材は普段接することが少ない人と会えるのが面白かったです。

竹屋町京子◆陣営には推薦していた自民党の谷垣禎一総裁や民主党の前原誠司政調会長ら、

地元選出の大物国会議員が応援に駆けつけてましたね。

岩石部長◆全国知事会の会長を務める京都府の山田啓二知事も、肩を並べて街宣車に乗っていたな。市長選レベルでは珍しい、豪華な顔ぶれだった。

京子◆二大政党のトップに「未来の首相候補」アンケートの上位常連、それに地方行政の顔ですもんね。長く都であった土地の、歴史に裏付けられた政治遺産みたいなものがあるのかしら。

部長◆どうかな？　現行憲法下の首相出身地（選挙区）を調べると京都府からは1948年（昭和23年）に7カ月つとめた芦田均氏だけだし、府北部の福知山市生まれだ。福田赳夫・康

地元経済団体の賀詞交換会では有力議員が呉越同舟（中央の門川大作京都市長をはさんで左＝伊吹文明衆院議員、右＝前原誠司衆院議員）

夫親子や中曽根康弘氏、小渕恵三氏を送り込んだ群馬県や、岸信介・佐藤栄作兄弟、安倍晋三氏を輩出した山口県といった保守王国と比べると……。

太郎◆革新系知事として全国的にも有名だった蜷川虎三氏が1950年（昭和25年）から7期、28年もの長期政権だったことも関係してるんでしょうか。

部長◆昔日の勢いこそ見られないが、京都では伝統的に左派勢力が強いのはたしかだな。

京子◆京都きっての有力者といえば、官房長官や自民党幹事長を歴任した野中広務氏じゃないですか？　引退した今でも府内で各方面に根強い影響力を保持していますよ。

部長◆首相こそ1人だけだが、保守王国でもないのに2009年の政権交代の前にも後にも実力者がいるのは、京都の特徴だな。

「京都流」の付き合い方とは

太郎◆京都を代表する経済人のひとり、堀場製作所を創業した堀場雅夫氏は「京都の政治は日本の先行指標」と見立てています。

部長◆70年代に東京や大阪などで革新系知事が話題になるより前から左派が強かったとか、

自民党が圧勝した2005年の「小泉郵政解散」のときでも京都府（6小選挙区）で民主党が4議席を獲得、4年後の全国的な「民主党ブーム」を先取りしていた、といった話だな。

太郎◈NHK大河ドラマ「平清盛」からの連想ですが、武士を競わせながらうまく操って世を治めた〝公家の政《まつりごと》〟のイメージが京都には強いんですが……。

京子◈それでいうなら堀場氏は、自民党の伊吹文明衆院議員と民主党の松井孝治参院議員のそれぞれの後援会長なんですよ。片や中曽根康弘元首相の流れをくむ派閥「志帥会」の会長、片や鳩山政権発足時の官房副長官です。

部長◈あくまで人物本位ってことだが、政党の枠にこだわらない付き合い方まで、社是のように「おもしろおかしく」だな。

京子◈財界人と政治家の関係でいえば、京セラ創業者の稲盛和夫氏と小沢一郎衆院議員との仲は有名ですよ。稲盛氏は前原東京後援会の会長を務めたことも。東京で前原氏が財界とのパイプを築けたのは、稲盛氏のおかげですよ。

部長◈さらにさかのぼると、行き着くのがワコールを創業した塚本幸一氏だな。京都商工会議所の会頭を1983年（昭和58年）から11年間務めた京都財界きっての大物で、自分の後

さらに　ここだけの話

時代によって変わるメーンストリート

京都のメーンストリートといえば、京都駅から北へ伸びる烏丸通だろう。片側2車線で分離帯には植え込みがあり、地下には市営地下鉄南北線が走る。ただし鉄道が走り始めた近代以降の話だ。

天皇は御所にいて、めったと外へ出ない存在だった。明治になって行幸で出入りした際は、御所の建礼門を出て烏丸通ではなく5筋東、堺町御門から南へ伸びる堺町通を通ったという。今でも烏丸通と比べると交通量の少ない静かな道で、クルマ社会になる前の京の街をイメージできる。

烏丸通も堺町通も南北の道だが、江戸時代はもとより明治に入ってもしばらくの間、メーンストリートといえば東海道の終点、三条大橋から西へと伸びる三条通だった。東西の道だ。日銀が京都支店（現在は京都文化博物館）を置いたのも、この道沿いだった。

１９１２年（明治45年）に四条通が拡幅されて市電が走り始める。そして大丸や高島屋が出店、東西の軸は三条通から四条通へと移る。

任会頭への就任を渋る稲盛氏に「京都に恩返しをする時だ」と説得した。

太郎◆民主党政権が頼りにする実力者にも、逆らえない人がいたんだ。

部長◆塚本氏は前原氏が無所属で京都府議選に出たときから、資金集めや人脈紹介で支援した。私淑していた松下幸之助氏の松下政経塾出身者だから、という面もあるだろうが、時に厳しく指導したという話を亡くなった今なお聞くな。

権力の都の「庶民感覚」、やはり独特？

太郎◆京都企業を取材すると、法人ではなく個人として政治家と関係を築いている経営者が多いようです。オーナー系企業が多い、というのもあるんでしょうね。

京子◆でも、一般人の感覚としては、政治に対しては「つかず離れず」が基本なんじゃないですか？　1200年の古都ですが、権力が移ろいやすいものだということは身をもって経験してるし、明治には都を持って行かれましたし。

部長◆たしかにな。少なくとも初対面の人にいきなり政治の話をするのはナンセンス。転勤族のふるまいとしては基本中の基本だ。

太郎◆お言葉ですが、表面は冷淡に見えて実は政治好き、という人は取材先にも結構いるんですけど……。経営者に限らず、です。

部長◆君には本音を語っても大丈夫と、取材先から評価してもらえてるってことだろう。

太郎◆……。お褒めの言葉の裏を読むようにします。

京子◆でもたしかに、政治に対して斜に構えて距離を置いているというより、敏感にその動向を注視している、と表現した方がより正しいのかもしれません。

部長◆長い都ぐらしで受け継がれた、独特な政治観、権力観があるんだな。

太郎◆さっきも話になりましたが、そもそも左派の強さには何か理由があるんでしょうか？

部長◆労働運動をはじめ戦前から伝統的に強かった、というのはある。1928年（昭和3年）の第1回の普通選挙で誕生した8人の無産政党代議士のうち、水谷長三郎と山本宣治の2人は京都だし。明治以降、東京という国の中心から遠くなったから、という事情も影響しているのかな。東大と違って「自由な学風」が伝統の京大が知の中心だから、という解説はよく聞くな。

京子◆東京や大阪と違って空襲の被害が小さかったから、という分析を聞いたことがあります。生産設備への打撃が比較的少なく「食うのに困らない土地だから、あれこれ頭で考える余裕があったんだ」と。

太郎◆なるほど。一方で皇族好き、っていうのもありませんか？　赴任前に「京都人は、天皇陛下は東京に仮住まいしていると思っている」という話を聞きました。もちろん言い過ぎですが……。

京子◆山田知事や門川市長も記者会見などで「皇族の一部は京都にお住まいになるべきだ」と公言してますもんね。東日本大震災を受けて日本はリスク分散を考える必要がある、という話の中で出てきますね。京都御苑の中には2005年にできた立派な京都迎賓館もありま

京都御苑にある御所は宮内庁に申し込めば見学可能。ネットでも受け付けている

なんてったって、
1200年の都ですから。
党派を超えて
印象深い政治家が
多いな。
魑魅魍魎の世界ですよ、
知れば知るほど。

すし。

仏教界にも縁が……

部長◆京都と政治の話なら、仏教界の存在感にも触れておかないと。

京子◆80年代には古都税騒動というのがありましたね。昭和30年代にあった文化観光税を復活させた古都保存協力税に対して、一部寺院は拝観停止まで実施して抵抗。条例は施行から

3年で廃止されました。

部長◆実は国政との関係も密接だった。大物政治家が大きな決断を前に、京都のお坊さんを訪ねたと聞くぞ。

京子◆首相経験者でいえば福田赳夫氏と大徳寺如意庵の立花大亀氏、宮沢喜一氏と大徳寺龍光院の小堀南嶺氏の関係が有名だったそうですね。政策のアドバイスを受けるというより、心を落ち着けるためだったんじゃないでしょうか。

部長◆なるほど。政治家たるもの、即断即決も大事だが、思い詰めて暴走したりキレたりするぐらいなら、ちょっと京都で頭を冷やしてもらいたいな。

其の五

「よろしおすな」の本当の意味 知らないと恥をかく言い回し

「京ことば」の印象はどうでしょう？　特殊な語彙《ごい》やイントネーションに関心が向きがちですが、会話にあらわれる人間関係を読み解くことが何より大切です。

「ぶぶ漬け伝説」の教訓とは……

……。

東太郎◆部長、取材先の社長の自宅に夜回りに行ってきたんですが、ちょっとトラブルが

岩石部長◆珍しいな、君が慌てるなんて。いったいどうしたんだ？

太郎◆社長が帰宅するまでいつものように家の外で待っていたら、奥様が「お茶でもいかがですか」と中に上げてくれたんです。軽食までいただいたんですが、後で社長に「ずうずうしいな」と叱《しか》られまして。

竹屋町京子◆あら、東先輩。断りもせずに上がりこんだんですね。

太郎◆いやいや、さすがの私も「今日は社長も遅そうですし、帰った方が良さそうですね」とは言ったさ。そしたら「ビールでもお飲みいただこうと思ってたんですが」と返されたものだから、つい……。どうしても裏を取りたいネタもあったし。

京子◆京都には有名な「ぶぶ漬け」の逸話があるじゃないですか。ぶぶ漬けを出されたら「お引き取りください」というサインだという、あのたぐいの話ですよ。経験者は周囲にもひとりもいませんけど。人様の家を訪問する際は、気を付けるべき点がたくさんあるんです。

部長◆記者として積極的にネタを追う姿勢だけは評価してやるが。

太郎◆もちろん、ぶぶ漬けの逸話も知ってはいましたよ。ただ、いろんな話に尾ひれが付いた伝説だと聞いていたんです。京都に住んでいる友達も「あんな話は迷信だ」と言ってたし。

部長◆君の言うとおり、今ではあまり出くわさない場面なのも事実だな。京都の外から越してきた移住組も多くなったし、若者はあまり使わないしな。
京子◆でも、急な来客にはぶぶ漬けを出してさっさと帰ってもらう習慣は現在でも一部に残ってますよ。それに繊維問屋が集まる室町あたりでは、アポイントメントを取って来た客に早く帰ってもらいたいときにはホウキを立てることもあるって、聞いたことがあります。
部長◆まあ今では、ぶぶ漬けでなくてお茶だろうけどな。ある転勤族の失敗談だが、訪問先の会社で「お茶もう一杯いかがですか」と言われたので「では、お願いします」と待っていたら、なんと20分後に出がらしのお茶が出て来たそうだ。
京子◆そのときの「もう一杯いかが」は「そろそろ帰ってくださいね」をやんわり伝えたんですよね。実際にお茶の用意をしているわけじゃないんです。
部長◆相手や状況によって同じ言葉でも意味するところが違う場合があるから、文脈によく気をつけることだな。東君のように「お茶でも」と家に上げてもらったケースも、「2回目までは断って、3回誘われれば上がってもいい」と解説する人がいるな。

ね。

「よろしいなあ」はただの相づち？　ビジネストークの誤解に注意

太郎◆そうなんですね。やっぱり京都には落とし穴がいろんなところに仕掛けられていますね。

部長◆こら、京都が悪いみたいな物言いをするな。

太郎◆でも実際に穴に落ちてみると、ほんとに恥ずかしいものです。

京子◆勘違いは地元の人でも犯してしまうので、あまり落ち込まないでください。ただしビジネス上の勘違いは重大なトラブルに発展する可能性があるから、要注意ですね。

部長◆その通りだ。よく問題になるのが、相手からの「考えておきます」という返事の受け止め方だな。文字通りに解釈して「検討しておきます」と理解したら、大間違いだ。

太郎◆ある取材先に「『考えておきます』は、『考えません』という意味に受け取れ」と教えてもらいました。その場で断って角が立つのを避けるための、実に婉曲的な言い回しだったんですね。

京子◆同じような表現で「それはよろしいなあ」というのもありますね。同意してもらったように聞こえますが、実はそうとは限らない。

部長◆私も着任直後、間違って理解した経験がある。

京子◆「よろしいなあ」と言われると前向きに評価されたと勘違いしがちですが、ただの相づち程度の意味しかありません。「考えておきます」ほどではないにせよ、否定的と受け止めた方が無難ですよ。

太郎◆うーん、難しいなあ。

京子◆もし相手が肯定的な意味で使ってる場合は、「よろしいなあ」の後に、評価の具体的な根拠やビジネス上の提案の

押さえておきたい伝統的な言い回しの例

言い回し	意味や使い方
おいでやす	一般客に対して用いる「いらっしゃいませ」
おこしやす	遠方から来た客や常連客に対して用いる「いらっしゃいませ」
お茶もう一杯いかがですか	お客様が帰るときやそろそろ帰ってもらいたいときに使う言葉
返さなくてもいい	人に物を貸すときに、長い間貸してもいいですの意味で使う
考えときます	「考えません」の意味で使う場合も
よろしいな（よろしおすな）	あまり乗り気でないときに否定的な意味で使う場合も
千度（せんど）～した	たびたび～した
いちびる	調子にのる

『京のあたりまえ』（光村推古書院）などを参考に作成

言葉が続くはず、といいます。参考にしてください。

人間関係を考えるがゆえの心遣い

太郎◆言葉以外で私が京都に来てまず驚いたのが、お見送りのしきたりです。会社や飲食店から帰ろうとすると、多くの方が私の姿が見えなくなるまで出口で見送ってくれます。

部長◆おお、私も今でこそ慣れたが、最初はくすぐったい気持ちになった覚えがあるぞ。長い路地だと、視界から消えるのに1分くらいかかってしまうケースもあるし。

太郎◆いまだに、なんだか申し訳ない気がします。

部長◆せっかく見送っていただいてるんだから、相手の視界から消えるタイミングで振り向いてお辞儀しろよ。でないと「ああ、残念な人だなあ」となってしまう。去り際まで気が抜けない。

京子◆京都は細長い路地が多いですから、見送ってもらう人のことを考えて早く視界から消えるよう、目的地と無関係でもさっさと曲がってしまう、なんてこともありますね。

太郎◆シーンは違いますが、パーティーなどに参加するときの服装にも気を使いますよね。

さらに ここだけの話

関西弁？ 京都弁？ 京ことば？

「京ことば」といっても、幅がある。お茶屋で交わされる会話、市中心部で生まれ育った人の口調……。性別や年齢、職業によっても大きく異なり、様々に紹介されている。ただ、不思議と「京都弁」とは聞かない。

言葉の変化とテレビの影響は切っても切れない。東京の番組で関西弁をつかうタレントが受け入れられるようになって久しく、業界の関心は「県民性」にまで細分化している。とはいえ、京都を含む関西では午前・夕方の情報番組や深夜帯のバラエティー番組を中心に大阪の放送局による独自コンテンツが多く、転勤族やその家族が時に驚かされる。言葉を含めた「ノリ」に起因する部分も大きいだろうが……。

大ざっぱに言えば京都弁（！）も関西弁の枠に入るが、大阪や神戸との地域差はまだまだ残る。最も目立つのはテンポの違いだろう。特に女性はおっとりした口調で知られるが、「昔と比べてずいぶん速くなったもんだ」と嘆くお年寄りもいる。

部長◆ある会合に「平服で」と言われたから普段着で行ったら、みんなスーツだったという経験があるよ。顔から火が出そうになった。

京子◆招待状には決まって平服と指定してあるのですが、全員が平服の会合なんて聞いたことありません。わざわざ招待状に書いてあることの意味を読み取らないと。

太郎◆他の参加者に知り合いがいれば、どういう服装で行くのか相談した方がいいんでしょうね。もちろん「平服で」とあれば、堅苦しすぎるフォーマル姿にするのは避けたほうがべ

習うより慣れよ、って
京都のための言葉だな。
よーし、
今日も得意の突撃取材だ！
かんにんしとくれやす。

ターかと。

部長◆こうした独特の言い回しや習慣は、ともすればネガティブなイメージで捉えられてしまうこともあるが、ほとんどの場合は相手に対する繊細な心遣いを意味している、ということはぜひ理解してほしいな。

京子◆そうですよね。客人が帰ろうと腰を上げたときにあっさりと「そうですか、お帰りですか」と言うより、「いやいや、もう一杯お茶でも」と声をかけた方が、相手を大切にしているとのメッセージを伝えることができる、ということですね。

太郎◆ただ、ですよ。京都風を意識しすぎるあまり、萎縮してしまうのは一番もったいないことだと私は思うんです。ヨソ者ですから多少の不慣れは「これから勉強します」でお許しいただきたいな、と。もし笑われても、私は堂々と中央突破を目指そうと思います。

部長◆うーん、一理はあるが、甘えは禁物だ。

第二章

京都巡りには裏ワザがある

其の一

宿の穴場は滋賀県にある

宿探しに店探し……。京都は人気観光地だけに、時に苦労することがあります。あきらめる前に少し目線を変えれば、解決策が見えてくることがあります。

JRでわずか2駅、10分の大津

東太郎◆こんど東京から先輩が遊びに来るんで、何かと準備しないといけないんですが。ギリギリになって「宿の手配も任せたぞ」って言われて……。

竹屋町京子◆春の桜や秋の紅葉シーズンは言うに及ばず、時期によっては宿の確保に苦労しますね。２０１４年にザ・リッツ・カールトンやフォーシーズンズ・ホテルズが京都市内に進出するなど、宿泊施設は増えつつありますが。祇園祭のときも「大阪のホテルから通ってます」という人がいました。

岩石部長◆それはまた大変だなあ。だったら大津にすればいいのに。

太郎◆大津って、滋賀県じゃないですか。

部長◆はるか彼方《かなた》みたいな言い方だな。大津から京都はＪＲで2駅、所要10分だ。25分かかる東京・横浜間に比べれば、あっという間の距離だ。

太郎◆結構、というか、ずいぶん近くですね。

10万人以上が見物する祇園祭の山鉾巡行。京都以外にも宿はある

さらに　ここだけの話

京都以上に京都…な滋賀県って？

西へ向かう新幹線「のぞみ号」は名古屋の次が京都。そのせいか、関東の人には滋賀県の印象は薄いらしい。知名度のある琵琶湖は車窓からあまり見えず、風情のある瀬田唐橋《せたのからはし》も一瞬で通過。「まもなく京都」のアナウンスで目をさました時には、既に京都市内に入っている。

国宝・重要文化財の数は全国4位。宿場町だった大津や商都・近江八幡、城下町・彦根など見どころは豊富。比叡山の延暦寺も住所は滋賀県大津市だ。

意外に思う人が多いが、滋賀県は県内総生産に占める第2次産業の比率が41％（2009年度県民経済計算）と、全国トップの工業県（全国平均は24％）だ。平野部が多く、京セラやオムロン、村田製作所、ニチコン、GSユアサ、大日本スクリーンといった京都企業も主力の製造拠点を置く。少子化時代の今、滋賀県は全国でも数少ない人口増加県でもある。

京都で羽ばたいた「近江商人」は多く、ワコールの創業者、塚本幸一氏はその代表格だ。旧社名は和江《わこう》商事。滋賀の昔の呼び名、江州《ごうしゅう》にちなんでいる。

部長◆東京から品川、上野から赤羽に行く感じだな。京都市営地下鉄に乗り入れている京阪電鉄の京津線《けいしんせん》もあるから、大津は便利な穴場だ。

京子◆日本最大の湖、琵琶湖があるし、古い寺社も多いですよ。京都好きのリピーターの中にも「京都よりも趣があっていい」という人がいるほどです。

太郎◆隣の県だから、まるっきり別世界かと思ってました。

部長◆おいおい。大津市内の店舗に「京都琵琶湖大津」と名付けたホテルチェーンもあるぐらいだ。地図をよーく見ておくように。

簡単に「京都らしい店」と言われても……

太郎◆先輩のリクエストには「京都らしい店に連れて行け」というのもあるんですが……。

部長◆何とも大ざっぱな注文だな。

京子◆ありがちですね。でも、よく聞くフレーズです。

太郎◆町家を改造したレストランがいいかな、と思うんですが。

部長◆たしかに話題の店も増えているし、喜ぶ人は多いぞ。でも京都らしさって、色々あるからなあ。
太郎◆夏だから鴨川にかかる床《ゆか》で一席設けましょうか？
部長◆あれも情緒があっていいな。街中からちょっと離れるけど、貴船にある川床《かわどこ》も、ぐっと涼感が高まるな。
京子◆建物の雰囲気の話もいいですけど、メニュー重視じゃなくていいんですか？
太郎◆となると、おばんざいの店ですかね？
京子◆地元の人間はウチの外で食べるものを「おばんざい」なんて言いませんよ！　注意してください。
部長◆厳しいなあ。ガイドブックにもよく載ってるし、定着してきたんじゃないか？　店には

地元の人は「おばんざい」とは言いません

当たり外れがあるけど、そこはおいおい勉強してもらおうか。

太郎◆先輩からは「舞妓《まいこ》さんもいるだろうな」って言われて……。

部長◆ははは、着任早々に「毎晩、舞妓さんと遊べるんですか」と質問したのはどこの誰だっけなあ。

太郎◆すいませんでした。

京子◆京都をなめてますね。

大文字焼き？ いや、「送り火」と言ってください

太郎◆実は彼女が「8月16日の大文字《だいもんじ》焼きを見たい」と言ってまして……。

京子◆何ですか、それ！ 山焼きじゃないんだから、ちゃんと「送り火」って言ってください。「大文字」「妙法」「船形」「左大文字」「鳥居形」と5つあるから、五山の送り火なんです。

部長◆まあまあ、地元愛が強いのは分かったから、転勤族にそう怒るな。京都は観光客で成り立ってる面もあるわけだし。

京子◆そういえば最近、山ガールの姿も見かけますね。

太郎◆えっ、大文字山って登れるんですか？

京子◆私は学校の遠足で登りましたよ。「大」の字の横棒で標高約３００メートル。ふもとの銀閣寺の裏手から、40分ぐらいかな。

太郎◆へえー。で、送り火はどこから見ればいいですかね？

部長◆大文字なら鴨川べりが一般的かな。複数見られる眺めのいいビルに呼んでもらえるよう、一日もはやく取材先に食い込め。

太郎◆ハイっ、頑張ります！

京子◆送り火は見るだけじゃなく、参加もできるの。

部長◆そう。「妙法」以外だけど、１本３００円で護摩木を奉納すれば、一緒に焚《た》いてもらえるんだ。

京子◆大文字なら銀閣寺前で当日でも午後2時半まで受け付けているわ。きちんと思いを込めて、丁寧に書いてくださいね。

初心者は京都タワーで街の全体を把握しよう

部長◆高い場所といえば、君のような初心者には京都タワーもいいな。

太郎◆京都駅前の、あの変わった形の塔ですか。

部長◆展望台は高さ１００メートルで、市内で最も眺望のきく場所だ。京都が盆地の街で、碁盤の目のように通りが走っている街だってことがイメージしやすいんだ。

京子◆昔と比べたら市内も高いビルが増えたし、私の実家も見えなくなりました。ちなみに見た目からか蠟燭《ろうそく》と勘違いする人がいますが、灯台をイメージしたものですよ。

部長◆街の全体像を見渡したうえで、京都の基本から取材をやり直してもらおうか。

太郎◆もっと勉強して「ここだけの話」を報告します！

さっさと京都在住の
お友達をつくりましょう。
だから私は、連日、
飲みに出かけるのだ。

其の二

混雑知らずの京都巡り、裏ワザ使えばストレスなし！

桜、そして紅葉のシーズンとなると、特に混雑する京都。あきらめも肝心ですが、時間を無駄にせず、ストレスを抑えるちょっとした知恵と工夫があります。

必ずしもオススメできないバス

東太郎◆「京都は混雑するから嫌だ」って言われるんですけど。

竹屋町京子◆なにせ年間の観光客数が５０００万人ですからね。

岩石部長◆ある経営者から「京都の四季は料理で味わえ」と言われたことがある。お皿の上に表現された季節を、快適な店内でお楽しみください、というわけだが……。

京子◆それだけ街中は混雑して大変、ってことですね。もう40年前ですが、1973年（昭和48年）には京都市が「マイカー観光拒否宣言」を出したほどです。

部長◆とにかく清水寺など東山と嵐山の2大観光地は、大混雑を覚悟した方がいい。時期になると紅葉スポットも要注意だ。

太郎◆よくいう「公共交通機関をご利用下さい」ですね。

部長◆うーん、満点の回答じゃないな。残念ながらバスはオススメできない場合がある。道路だって大渋滞するから。

京子◆例えば清水寺に近い清水道や五条坂のバス停で、係員が乗客の整理にあたっていれば大混雑の証し。道路も渋滞していて、京都駅まで1時間かかるときもあるわ。

部長◆すいていれば10分ほどなのにな。そんなときは別の移動手段を考えた方がいい。

太郎◆どうしますか？

部長◆混んでいるときは鉄道へ、が京都の旅の基本だ。清水道のバス停から京阪の清水五条駅まで歩けば15分程度だ。

太郎◆うーん、微妙な距離ですねえ。
部長◆歩くだけならつらいかもしらんが、道すがら、もうひとつ名所を見ればいいのさ。
京子◆それなら空也上人像のある六波羅蜜寺《ろくはらみつじ》がおすすめですよね。清水寺と駅の間ですよ。
太郎◆仏像の口から6体の阿弥陀《あみだ》が出ている、あれですね。
部長◆2012年の大河ドラマの主役、平清盛の像もあるぞ。日本史の資料集なんかでおなじみだな。
京子◆あの座像、清盛を演じる松山ケンイチとはイメージ違いますけど。

宝物館に空也上人像や平清盛像がある六波羅蜜寺

歩いて回れる世界遺産がたくさん

部長◆観光名所だらけの京都だが、代表例として世界遺産で見てみよう。市内に14あるけど、鉄道の駅から実はさほど遠くないんだ。地図で見てごらん。

太郎◆おっ、本当ですね。

京子◆高山寺《こうざんじ》はさておき、あとは何なら歩ける距離ですね。

部長◆ガイドブックはやはり最寄りのバス停を紹介するから、気付かない人が結構いるんだ。銀閣寺なんかもバスで行くところ、ってイメージだろうけど、出町柳の駅から今

鉄道が確実な世界遺産めぐり

世界遺産名	最寄り駅	徒歩
上賀茂神社	北山	25分
下鴨神社	出町柳	10分
東寺	東寺	10分
清水寺	清水五条	15分
延暦寺 *1		
醍醐寺	醍醐	10分
仁和寺	御室仁和寺	2分
平等院 *2	宇治	10分
宇治上神社 *3	宇治（京阪）	10分
高山寺		
苔寺	松尾	10分
天龍寺	嵐山	すぐ
金閣寺	北野白梅町	20分
銀閣寺	出町柳	30分
龍安寺	龍安寺道	7分
西本願寺	京都	15分
二条城	二条城前	すぐ

*1は大津市、*2・*3は宇治市、それ以外は京都市。所要時間は目安

出川通を歩いて35分ぐらいだぞ。

太郎◆銀閣寺まで歩くならやっぱり「哲学の道」じゃないんですか？

部長◆そこは考えようだ。京都大学のかいわいも、なかなか味があると言えるぞ。

京子◆京大生が集うカフェ「進々堂」は、独特の雰囲気がありますね。

自転車なら、北から攻めるのがコツ

部長◆そうそう。そうやって途中のお楽しみを増やせばいいんだ。タクシー移動も渋滞時は「行けるところまで」を基本にして、あとは歩くようにすればいい。

太郎◆そこまでクルマがあてにならないなら、健康的にいっそ自転車はどうでしょう？

部長◆たしかに最近、人気のようだな。

京子◆自転車にもコツがありますよ。1日であちこち回るなら、元気な午前中にまず北の方から攻めるのがいいと思います。土地の傾斜が結構ありますから。京都ではよく「北大路通と東寺の五重塔が同じ高さ」と言うんです。

部長◆ほう。観光マップを漫然と見ていては気付かんことだな。

京子◆1日2000円で借りられる電動アシスト自転車のレンタサイクルもあります。まだ台数は少ないようですが、一部ホテルなどでも用意されています。

太郎◆もっと手っ取り早く、「裏名所」みたいな、人に知られていない紅葉の見どころってないですかね？

京子◆名所って、有名ならウラとは呼びませんよ！

部長◆なかなか難しい話で、マイナーな場所を紹介すると「悪くはないけど、寂しいなあ」って文句を言われることもあるし……。

京子◆行列が平気な人っていますよね。短気で「いらち」が多い京都人からすると不思議ですが。

部長◆左京区の岩倉に三宅八幡宮って神社がある。ガイドブックにはまず載ってない、静かないい場所だが、紹介したら「周囲にカフェもないのか」って文句を言われたよ。

「貸し切り庭園」で絶景を独り占め

京子◆観光客はワガママですね。

さらに ここだけの話

「ならでは」の貸し切りを楽しむ

早朝から寺院があいている京都。混雑回避のための知恵ともいえる「朝観光」が人気だ。「人けのない観光スポットをすがすがしい気分で独り占め」というわけで、続けて「朝がゆ」「人気カフェでモーニング」といったコースを楽しむのが定番となっている。朝イチの大文字山から市内を見おろすのも一興。残念ながら前の晩は夜更かしできないが……。

混雑嫌いには、やはり貸し切りだろう。5花街のひとつ、上七軒の歌舞練場の庭続きには8畳の茶室「絃好庵《げんこうあん》」がある。午前の3時間で2万3千円（平日）と値は張るが、マンネリ会議と違って妙案がわき出るかも。

変わったところでは「嵐電《らんでん》」の愛称で呼ばれる、嵐山行きの京福電鉄の貸し切り電車がある。片道1万円の基本料金に、運賃は1人100円。終点駅で留め置くための費用が加算されるが、例えば四条大宮を拠点に終点・嵐山で60分滞在する計1時間40分の往復貸し切りなら、30人で割り勘すれば1人1000円で楽しめる。

太郎◆僕は混雑が嫌いなんです。

部長◆ずうずうしいな。そこまで言うなら、貸し切り可能な庭園を教えてやろうか。

太郎◆何ですか、それ！

部長◆明治の元勲、山県有朋の別荘だった無鄰菴《むりんあん》だ。母屋2階の和室、もしくは茶室を、3時間3000円から借りられるんだ。平安神宮や南禅寺の近くにあり、東山を借景にした日本庭園は実に見事だぞ。紅葉シーズンなんて最高だ。

京子◆それは私も知りませんでした。

部長◆利用の6カ月前から10日前まで受け付けているぞ。

京都駅から清水寺、さて、どう行きます？
JRと京阪の「東福寺駅」乗り換えもアリだぞ。

其の三

500円でも大満足のお土産

旅先での楽しみのひとつがお土産選び。京都市内の観光地には多彩な土産物店が並んでいますが「高いものが多い」というイメージがあるかもしれません。知る人ぞ知る、お手ごろ価格の京都みやげを紹介します。

八ツ橋や漬物、ではなくて……

東太郎◆お盆や年末年始、千葉の実家に帰る時にいつも迷うのがお土産選びです。京都で働いていると、家族や友人がすごく期待するんですよね。

岩石部長◆確かに何を買うかは迷うな。京都に来る知人から「おすすめのお土産は？」とよく聞かれるぞ。
竹屋町京子◆八ツ橋や漬物が定番ですが、地元の人はあまり手土産にはしませんね。
太郎◆懐事情も厳しいので、安くても喜んでもらえるものをとことん探してみましょうか。
部長◆うちの家族もお土産にはうるさいんだ。良さそうなのがあったら教えてくれ。
太郎◆「京都本」を買い込んだ成果を見せる時が来ました。お任せください！

コスパで狙えば、あの餅、この飴

京子◆取材から戻りましたー。あっ、出町柳商

行列が絶えない和菓子店「出町ふたば」

店街の入り口近くにある出町ふたばの「名代豆《なだいまめ》餅《もち》」（160円）じゃないですか。買ってきてくれたんですか。

太郎◆いつも行列ができているので、前から気になっていたんです。地元の人が並ぶ店なら間違いないでしょう。

部長◆うん、うまい。あんが甘すぎないのが上品だな。ただ消費期限が今日中になっているが。

太郎◆……言われて気づきました。翌日以降に渡すお土産にはできないですね。

京子◆和菓子なら、満月の「阿闍梨餅《あじゃりもち》」は賞味期限が5日間ですよ。バラ売りだと1個105円。箱入りより割安なので、手土産のついでに

地元の人にも人気の和菓子「阿闍梨餅」

「自宅用に」と買い求める地元の人をよく見かけます。

部長◆日持ちという点なら、緑寿庵清水の金平糖（525円〜）は常温で1年間もつ。お店に行くと季節の金平糖を試食させてくれるので、味わいながら選べるんだ。お茶菓子や結婚式の「引き菓子」としても人気がある。

太郎◆地図で店の場所を探すと、満月本店や緑寿庵清水は目立たない場所にあるんですね。

京子◆長い間、地元の人に支持されてきたから商売が成り立っているんだと思いますよ。

部長◆たしかに意外な場所にある店にハズレは少ないかな。東山や嵐山といった有名観光地は、良いお店も多いが玉石混交の感がある。立地は土産選びのポイントの1つだな。

京子◆最近は京都駅の周辺で買えるお土産も増えましたけどね。

部長◆京都と言えば宇治茶も有名だ。妻からは一保堂茶舗の「極上ほうじ茶」（525円）を買ってきてほしいとよく言われるな。少量でも袋詰めにしてくれるんだ。

京子◆番茶やほうじ茶は価格も手ごろですし、簡単なお土産にいいですね。急須で日本茶をいれる習慣がない人にはティーバッグの商品もありますし。

太郎◆京都通にもあまり知られていないような商品はないですかね？

1000円以内で購入できるおすすめ京都みやげ

店名／商品名／価格	特徴
鳩居堂 絵はがき／74円	和紙に絹製の版で花などの絵柄を印刷。 季節によって絵柄が変わる
満月 阿闍梨餅／105円	もち米をベースにした生地に 粒あんを入れて焼いた半生菓子。賞味期限は5日
出町ふたば 名代豆餅／160円	つきたてのもちであっさりしたこしあんを包んだ 看板商品。消費期限は1日
冨美家 京のおだし 320g／178円	京都・伏見の地下水を使用。 うどんや鍋物、おでんなどに。賞味期限は30日
京のおあげ屋 おあげ寿し／180円	風味はごま、しょうが、カレーの3種類。 オーブントースターで温めるとおいしい
よーじや ユニパック／210円	大・中・小の3サイズが各5枚入り。 旅行中に小物を入れておくのに便利
京都紀翔 京の野菜ジャム／315円	鹿ケ谷カボチャや聖護院大根などを使った 甘さ控えめのジャム。賞味期限は6カ月
半兵衛麸 ひと言シリーズ／420円	「おおきに」「心ばかり」などのメッセージ入り。 事前予約すれば好きな言葉を入れられる
有次 陶器型（小）／473円	花びらなどの形になっており寒天を使った 和菓子などを作れる。京都の菓子店御用達
一保堂茶舗 極上ほうじ茶 100g／525円	さっぱりと香ばしいほうじ茶。袋入りに加えて 紙製の専用缶入り（60g）も選べる
マールブランシュ 茶の菓 5枚入り／630円	京都・宇治の抹茶を使った生地で ホワイトチョコレートを挟んだラングドシャ
赤尾屋 ワイン茄子／630円	千両ナスのワイン漬け。アルコール度数は 0.1%以下。賞味期限は冷蔵で1週間
緑寿庵清水 黒ごまの金平糖／735円	黒ごまを使い、職人が手作業で作った金平糖。 日本酒や焼酎、赤ワインにも合う
ぢんとら ゆず七味／788円	明治に創業した錦市場の老舗七味店が 国産のゆずを使用して製造。24g入り
しま村 白味噌／980円	京都・丹波地方の水と国産の米、大豆を使って 人工的に加熱せずに醸造

部長◆京都らしくて季節感があるものなら、しま村の「白味噌」（９８０円）はどうだ。地元の人が正月に食べるお雑煮によく使われているぞ。

京子◆変わり種では、京野菜で作った「京の野菜ジャム」（３１５円）もありますよ。かわいらしいびん入りで甘さは控えめ。うちではホットケーキに塗って使っています。

太郎◆銀閣寺の近くに行った時に「おあげ寿し」（１８０円）というのを見かけました。鉄板で焼いたお揚げにごま味やカレー味のご飯を挟んだもので、ファストフード感覚でテイクアウトできるんです。老舗の豆腐店が運営しているそうですよ。

京都紀翔の「京の野菜ジャム」

隠れた人気商品は、有名店の意外な一品

太郎◆どうしても食品が多く挙がりますが、それ以外では何がおすすめですか？

部長◆ちょっとしたものなら……筆まめな人には鳩居堂の絵はがき（74円）、お菓子作りが趣味の人には和菓子店で使われる有次の陶器製の型（473円～）なんかもいいんじゃないか。

太郎◆ええっ、有次といえば包丁のイメージしかありませんでした。包丁は1万円以上しますが、気軽に買える商品も置いているんですね。

京子◆あぶらとり紙で有名なよーじやでは、小物や化粧グッズを入れるユニパック（210円）

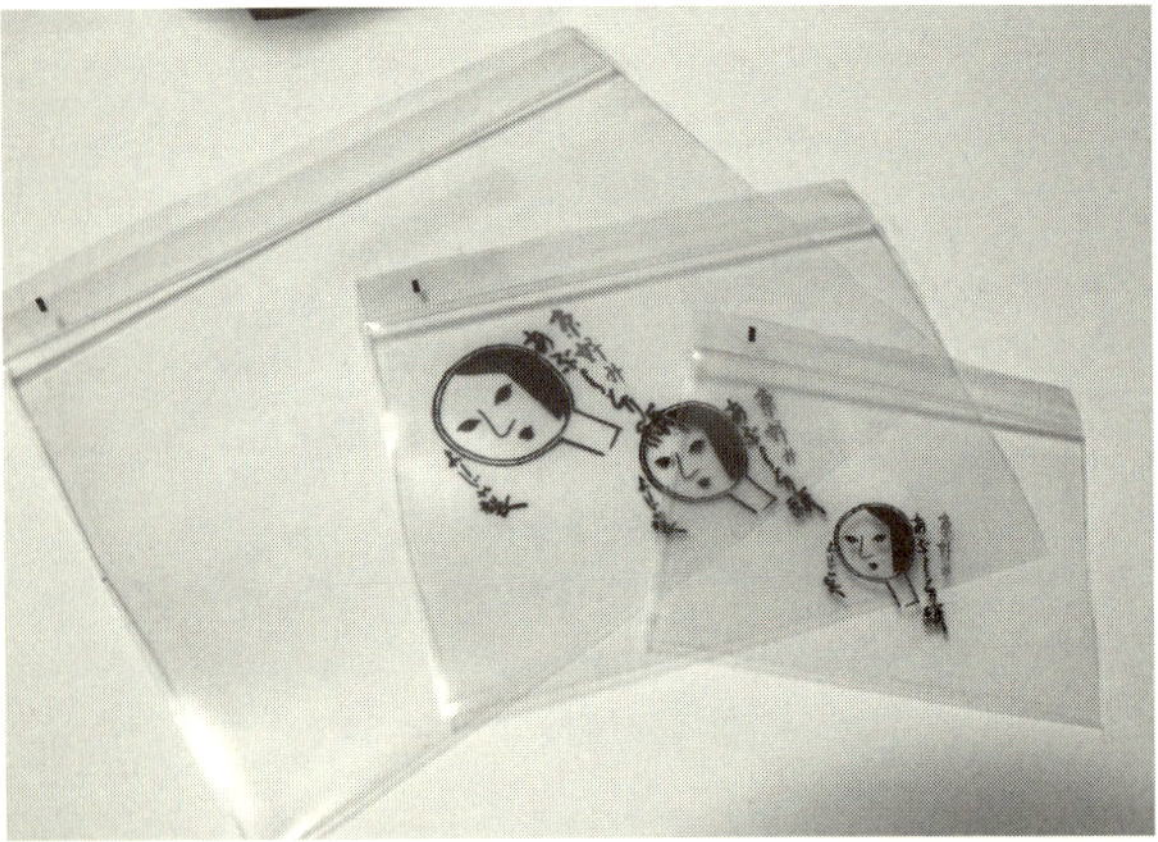

「よーじや」のユニパック

が隠れた人気商品ですよ。旅行好きの女性への簡単なお土産にどうですか。

部長◆雑誌やテレビで取り上げられるような有名店でも、看板商品以外は知られていないことも多い。意外な商品を探してみる楽しみもあるんだ。

太郎◆京都の土産は値段が高いと思い込んでいました。500円や1000円の予算でも、お土産を渡す相手の性格や趣味に合わせれば十分喜んでもらえそうですね。

部長◆お、今日はめずらしくうまくまとめたな。

京都のお土産、どこで買います？
錦市場か、時間がなければ京都駅の伊勢丹だな。
私は大丸か高島屋。あとは家の近くのお店ですね。

其の四

男もすなる生け花、お茶……「おけいこ観光」のススメ

茶道や華道といった伝統文化の「本家」が集まる京都。とっつきにくいイメージがありますが、本場ならではの初心者向け体験メニューも充実しています。観光しながら楽しめるおけいこを紹介します。

1時間で味わう伝統文化

東太郎◆京都に来て実感したんですが、やはり伝統文化に関連する行事が多いですね。

岩石部長◆茶道や華道の世界で特に忙しいのはお正月だろうな。毎年、裏千家では新年を祝

う「初釜式《はつがま》」を2週間にわたって開いている。京都と東京で6000人の来客をもてなす一大行事で、東京での初日には首相経験者や各国大使らを招待するんだ。

竹屋町京子◆華道家元池坊では「初生け式」があります。正月に花を生ける風習は室町時代からあったそうで、全国から門弟が集まります。着物姿が華やかで、なかなかステキです。

太郎◆いかにも京都という感じですね。せっかく赴任したので興味はあるんですが、私には縁がなさそうな世界です。

部長◆意外にそうでもないぞ。初心者に門戸を開いて、1時間くらいで体験できるようにしたメニューも多い。

京子◆料理教室などに通う「おけいこ男子」も増えているみたいで

新年恒例、華道家元池坊の「初生け式」

さらに ここだけの話

伝統文化は京都を支えるパトロン？

京都には「屏風《びょうぶ》と商いは広げたら倒れやすい」という言葉がある。売り上げを追うより、何代にもわたって事業を続ける方が大事という意味だ。府内には創業100年を超える老舗企業が1000社以上あるが、その中には社長兼職人が1人で細々と……という時期を経験した企業も少なくない。

こうした老舗企業の存続を支えたのが、茶道や華道といった伝統文化の各流派からの発注だ。小道具や掛け軸、庭、生け垣など関連の産業は多方面に及ぶ。例えば京都市上京区にある、京都で1社しかない和傘メーカーの日吉屋。和傘を日常生活で使う人はまずいないが、茶道の世界では必須のアイテム。社長は「売上高が年100万円ほどの時期もあったが、裏千家さんからの仕事などで何とかやっていけた」という。

明治期の東京遷都までは「皇室御用達」、つまり皇室から受ける仕事で成り立っていた企業も多かった。なかでも着物や紋章を製作していた和装業界は遷都によって最も疲弊したと言われている。

すし。東さんにも一皮むけてもらいましょう。

男性が４割の生け花教室

部長◆池坊の本部がある池坊会館では、毎週金曜日の夕方から「いけばなレッスン」を開催している。受講料は1回３０００円。すそ野を広げようと２０１１年秋に始めたんだ。

太郎◆生け花と聞くと、良家のお嬢さんが和室に正座して、というイメージですが……。

京子◆考え方が古いですよ、先輩。今や花嫁修業で生け花を学ぶ人より、カルチャーセンターで気軽に楽しむ人の方が多いんです。

部長◆レッスン会場をのぞいてみたら、机とイスが置かれていてなるほど「教室」風だった。手ぶらで参加できて、服装も自由。花ばさみの使い方など、華道のイロハを丁寧に教えてくれるぞ。

京子◆「男のためのレッスン」と書いたチラシも配っています。そのせいかどうか、参加者の実に４割が男性で、20～30歳代も多いそうです。

太郎◆でも、生け花はいきなり挑戦しても難しそうですね。せっかく体験するなら、１回でうまく生けたいんですが。

部長◆相変わらずせっかちだな。そんな君には「理論派」で知られる未生流笹岡の華道体験がいいかも。

太郎◆理論、ですか？　生け花は美的センスが問われるんじゃないんですか？

部長◆この流派の「華道1日体験」では最初に設計図が配られ、メジャーを使って寸法を測りながら花の長さや形を整えていくんだ。数ある流派の中でも珍しいやり方だそうだ。

太郎◆メジャーを使うのはマイナーなんですね。

京子◆……オヤジギャグだとしたら、やめてください。初心者が早く上達できるようにと、先代の家元が伝書を解釈して数値化したんです。几帳面《きちょうめん》な人の方がうまく生けられるとか。ちなみに今の家元は京大工学部出身ですよ。

ワンコインでも体験できる「お点前」とは

部長◆華道と並ぶ日本文化の代表が茶道だ。裏千家茶道資料館の「茶道体験」も観光客に人気があるぞ。

太郎◆竹のシャカシャカでたてるアレですか。

京子◆茶せんとか抹茶とか、きちんと言ってください。

太郎◆そういえば以前、取材先に呼ばれて懐紙を持たずにお茶会に参加し、焦った覚えがあります。

京子◆お菓子の食べ方からお茶のたて方、飲み方まで、一連の流れとマナーを教えてもらえますよ。お茶をたてる亭主の側と、いただく客の側を交代しながら体験できるので、２人１組で参加するのがおすすめです。

部長◆事前に予約しておけば、資料館の入館料（５００～８００円）だけで体験できる。抹茶とお菓子も楽しめるから、満足度は高いと思う

裏千家茶道資料館では亭主側と客側が交代しながら、
抹茶のたて方や飲み方を体験できる

ぞ。

太郎◆収益うんぬんよりも、茶道の文化にふれてもらうのが狙いなんでしょうね。

部長◆裏千家や池坊の教室は全国にあるから、体験に飽き足らなければ入会してみるといい。真剣に学ぶ場合の費用は華道で月1万円前後、茶道で月1万～2万円が相場だな。

知ってますか？ 日本三大芸道

京子◆ゲーム感覚で楽しめる、京都ならではの体験メニューもありますよ。例えば西本願寺の向かいにあるお香の老舗、薫玉堂の「聞香《もんこう》体験」。3回お香をたき、同じものか違うものかを当ててるんです。

太郎◆そんな遊びがあるとは……。なんだか貴族っぽいですね。

京子◆香道は室町時代からの文化で、茶道や華道と並ぶ日本三大芸道の1つ。本来は色々な作法がありますが、体験は気軽に楽しめます。男性は正座でなく、あぐらでも大丈夫です。

部長◆似たところでは「茶歌舞伎」という遊びもあるぞ。雪・月・花と書かれた3種類の抹茶を順番に飲んで、4番目に飲んだものがどれと同じかを当てるんだ。南北朝時代に始まり、茶道の修業の一環として広まったともいわれている。

太郎◆なるほど。抹茶を飲む機会なんてめったにないので、味の違いを意識したことはありませんでした。

部長◆味わいだけでなく、色や香りも銘柄によってずいぶん違う。福寿園がやっている「薄茶三服聞き当て体験」では、見事に的中させる人も多いそうだ。

「着付け教室」の出張サービスも

太郎◆京都といえば和装もありますね。着物を買ってみたい気もするんですが、自分で着る自信がなくて二の足を踏んでいます。着付けサービスを毎回頼むのはもったいないですし。

京子◆和装の問屋が集まる室町周辺には、着付けのサービス込みで着方を教えてくれる教室がありますよ。しっかり教わるなら1時間くらい、見よう見まねで覚えるなら30分以内でできます。

部長◆着付け教室で扱うのは振り袖のような晴れ着ではなく、普段の生活向けの着物だ。女性の場合は細かな模様が入った「小紋」が一般的で、もちろん男性向けの着物もある。夏場

おけいこ体験のおすすめメニュー

料金／所要時間／開催日	電話番号／予約受付締切	特徴
茶道体験 ● 裏千家茶道資料館（京都市上京区）		
500～800円 1時間程度 展覧会期間中	075-431-6474 1週間前まで	いすに座る 「立礼（りゅうれい）」での 点前を体験
いけばなレッスン ● 池坊会館（京都市中京区）		
3000円 1時間程度 毎週金、土曜日 （年末年始など休みあり）	075-221-2686 前営業日の17時まで	金は17～20時、 土は14～17時の間で 入室可能
華道1日体験 ● 未生会館（京都市左京区）		
4200円 1時間程度 月、水、木、土曜日 （行事などで休みあり）	075-781-8023	初心者でも 美しく生けられる 「寸法表」を配布
薄茶三服聞き当て体験 ● 福寿園京都本店（京都市下京区）		
2500円 30～45分 本店の営業日	075-221-6174	4階の茶室での体験。 1度に5人まで 参加可能
聞香体験 ● 薫玉堂（京都市下京区）		
2500円 90分 毎月第4土曜日 （例外あり）	075-371-0162	体験後に 抹茶、菓子のサービスと お土産あり
1日着付け体験 ● 京都きもの学院京都本校（京都市中京区）		
3500円 30分程度 年中無休	075-254-8877 2日前まで	足袋を持参すると 500円割引。 英語にも対応可能
着付け教室プラン ● NPO法人京ごころ（京都市中京区）		
3500円 1～2時間 年中無休	075-211-8003	5人以上の料金。 少人数の場合の料金は 問い合わせ

は浴衣も置いているしな。

京子◆着付けを習った後はそのまま市内を観光できますから、晴れ着で歩いているより自然ですよね。

部長◆室町のあたりなら町家を改装したおしゃれなカフェやレストランを探すのも楽しいぞ。二条城は徒歩圏内だし、タクシーを使えば清水寺や平安神宮にも行けるな。

京子◆NPO法人の京ごころでは「着付け教室」の出張サービスを受け付けています。ホテルや旅館が着付け教室になる感じですね。着物は翌日にホテルのフロントなどに返却すればOKです。

太郎◆着付けを学びながら観光もできて一石二鳥というわけですか。「おけいこ観光」はなかなか楽しめそうですね。

部長◆京都に来る前の「予習」に使える教材も紹介しよう。京都和装産業振興財団では着付けの手順が分かるDVD「ひとりで出来る着つけ塾」を通信販売している。送料込みで340円だ。

太郎◆京都の伝統文化の懐の深さには脱帽しました。私も一念発起して何か始めてみます！

其の五

学生だから知っている、お得に楽しむ秘訣とは

40近くの大学・短大があり、人口の約1割を学生が占める京都市は全国有数の「学生のまち」として知られています。お金をかけずに京都を楽しむ方法は、学生に聞くのが一番かもしれません。

宴会にデート、場所はいつも鴨川

東太郎◆京都人にとって憩いの場所といえば鴨川ですが、いつ見ても学生が多いですね。桜の季節に鴨川沿いを歩いたら、ブルーシートを敷いて酒盛りをしている学生だらけでびっく

りしました。

竹屋町京子◆春は大学の部活やサークルが新入生を勧誘する「新歓コンパ」の時期ですからね。京都の中心部を流れる鴨川は、低予算で飲み会を開ける格好の宴会場です。特に学生が多いのは高野川と賀茂川が合流して鴨川になる、出町柳のあたりですね。同志社大学や京都大学からは徒歩圏内。本当は禁止されているんですが、夏場は打ち上げ花火やバーベキューをしている団体も見かけますよ。

岩石部長◆ははは。出町柳あたりは学生の団体や家族連れが多いが、三条よりも南に行くと川べりに座って話し込むカップルが増えてくる。「鴨川でカップルが等間隔に座る法則」をテーマに卒業論文を書いた学生がいるのは有名な話だ。学生たちにとって貴重なデートスポットでもあるな。

学生バイトが支える京都の三大祭り

太郎◆そういえば京都ではいたるところで学生を見かけますね。先日食事をした祇園の料亭でも、接客係はアルバイトの学生でした。まかない料理が充実していそうで、学生時代に深夜のコンビニでバイトしていた私にはうらやましい話です。

京子◆面白いアルバイトが色々ありますよ。例えば1日限定の「祭りのバイト」。神社などの祭りの行列に参加すると数千円のバイト代とお弁当がもらえるんです。祇園祭、時代祭、葵祭と京都の三大祭りすべてに参加した猛者もいるとか。

部長◆巫女《みこ》さんのバイトは聞いたことがあるが、祭りのバイトは初耳だ。たしかに、時代祭は行列が2000人にもなるからエキストラがいないと大変だろうなあ。

太郎◆京都の伝統行事と日常生活が結びついている感じですね。バイトに限らず、観光名所と

大学の街、京都の顔ともいえる京都大学

して知られるお寺や神社にいつでも行ける京都の学生は幸せだと思います。

京子◆うーん、それは意外と実感されていない気がします。京都に長年住んでいて、清水寺や金閣寺に行ったことがないという学生は多いですよ。いつでも行けると思っているうちに卒業してしまうのかも。

部長◆青蓮院や妙心寺退蔵院では、地元の学生カップル向けに拝観料を半額にする取り組みを始めている。せっかく京都にいるんだから、在学中に歴史や文化にふれてほしいものだな。

ラーメン、喫茶店……「学生価格」でグルメ充実

太郎◆私は学生のころから学食を巡るのが好きなんですが、京大の学食はレベルが高いですよ。留学生の利用が多い「カフェテリアルネ」には中東の料理「ケバブ」のコーナーがあるんです。

京子◆同志社大学では、今出川キャンパスの明徳館食堂内にあるオムライス専門店「erica」が人気ですよ。看板メニューのケチャップオムライスは350円です。

部長◆学内の食堂に加えて、各大学の周辺には学生が利用する大衆食堂も多い。300～

さらに ここだけの話

日本一激しかった? 京都の学生運動

　東京などに比べて学生たちがのんびり生活しているように見える京都だが、以前は学生運動が非常に盛んな地域だった。例えば鴨川に架かる荒神橋では、1953年（昭和28年）に「荒神橋事件」というとんでもない出来事があった。立命館大学に向かう京都大学のデモ隊と、阻止しようとする警官隊が橋の上でもみ合いになり、古くなっていた木製の欄干が破損。十数名の学生が橋から落ちて重軽傷を負ったのだ。荒神橋はその後、コンクリート製に架け替えられた。また60年代の京大や立命大では、「内ゲバ」と呼ぶ左翼勢力内での党争で死者が出ることも少なくなかった。

　全国的に学生運動が退潮傾向になった70年代以降も、京大の吉田寮や熊野寮では左翼勢力が強い影響力を保ち続けた。元寮生によると、当時の寮は武装した運動家のアジトのようになっており、「寮の地下で爆弾をつくっている」とのうわさまであったという。大学周辺の喫茶店にも「警官隊に追われた学生が屋上から逃げ出した」といった逸話が残る。

400円台で定食が食べられる店もめずらしくないようだな。

京子◆大衆食堂は体育会系の学生の強い味方ですね。大盛りを頼んだら普通の人は食べられないくらい出てくることもあるので注意が必要です。

部長◆上京区にある「餃子の王将　出町店」では、30分皿洗いをすればおなかいっぱい食べさせてもらえるそうだ。チェーン店とは思えないユニークな取り組みだな。

太郎◆王将で思い出しましたが、京都にはラーメン店も多いですね。左京区の高野や北白川など、学生が多い地域にラーメン店が集中している気がします。

京子◆最近は「京風」と銘打ったあっさり系のラーメンも増えましたけど、京都のラーメンは鶏ガラや豚骨ベースのこってり系が主流ですからね。ちょっと脂っこいので社会人になって足が遠のいてしまいました。

部長◆大学の周辺では、歴史のある喫茶店やおしゃれなカフェも充実している。学生たちはサイフのヒモが固いから、コストパフォーマンスの良い店でないとなかなか生き残れないんだ。

じっくり楽しめる大学博物館

京子◆「食」の話で盛り上がりましたが、大学らしい「知」にふれられる施設もありますよ。例えば西本願寺の向かいにある龍谷ミュージアムは全国的にめずらしい仏教の総合博物館です。常設展の場合、大人500円で入場できます。

部長◆龍谷大学は20世紀初頭に西本願寺が組織してアジアの仏教遺跡を調査した「大谷探検隊」のコレクション9000点を所蔵しているからな。ミュージアムの2階にある、中国の石窟の壁画を再現した廊下も見応えがあるんだ。

高さ3.5メートル、長さ15メートルにわたって石窟の壁画を復元した龍谷ミュージアム

太郎◆大人400円で入れる京大の総合博物館もじっくり楽しめる施設です。個人的には地震学とか霊長類学とか、自然科学系の展示が特に面白かったです。

京子◆霊長類の研究者がチンパンジーの認知研究に使っている、タッチパネルに表示される数字を1、2、3……と順番に押していくシステムも置いてあります。チンパンジーは見たものを直感的に記憶する能力が高く、京大の学生がどれだけ練習してもチンパンジーの速さに到達できないそうですよ。

鴨川は宴会場としても使えますよ。
「ルネ」「erica」など学食も充実！
大学生活、やり直すなら京都だな。

部長◆博物館のほかに、大学ゆかりの旧跡をめぐるのも楽しい。2013年の大河ドラマは同志社大を創設した新島襄の妻、八重《やえ》が主役だ。京都御苑の東にある「新島旧邸」を訪れる人が増えそうだな。

京子◆京大には築100年近い木造の学生寮「吉田寮」など、随所に歴史を感じさせる建物があります。ちなみに自転車のマナーがなっていない学生も多いですから、キャンパスを訪れるときはひかれないように気をつけてくださいね！

新島旧邸では新島襄の妻・八重がつくった茶室などを見学できる

其の六

アジサイ、水族館、市場……雨の京都を楽しむ

雨が続く季節は外出を控えたくなる人も多いですが、人気観光地には「ならでは」の魅力があります。

「雨の日」こそ楽しい京都

竹屋町京子◈ 近畿地方の梅雨入りは平年なら6月7日ごろです。

東太郎◈ 雨続きだと観光客もイヤでしょうけど、天候を逆手にとったオススメのスポット、ありませんかね？

京子◆ピッタリな記事を見つけましたよ。少し古いですが、２００６年の5月27日付の日経プラスワンに載った何でもランキング「雨の日におすすめの京都」です。

岩石部長◆雨にうたれる詩仙堂の庭なんて、まさに一幅の絵画だしな。上位に庭園が美しい寺院が並ぶのは分かるなあ。

太郎◆過去記事の再掲でお茶を濁すわけにはいきません。選外はどうでしょう？

部長◆珍しく殊勝な発言だな。

京子◆お隣の宇治市ですが、三室戸寺《みむろとじ》はアジサイやハスで有名ですよ。平等院が知名度抜群ですが、宇治には同じく世界遺産である宇《う》治上神社《じがみ》もあります。

部長◆雨の日は博物館や美術館をじっくり楽しむのもいいな。

太郎◆２０１２年3月にオープンしたばかり

雨の日におすすめの京都 トップ10

順位	スポット名	特徴
1位	詩仙堂	白砂の唐様庭園がある
2位	高桐院	大徳寺の塔頭（たっちゅう）
3位	石塀小路	高台寺近くの石畳の道
4位	天龍寺	山を借景に池が広がる
5位	祇園新橋・巽橋	白川にかかる2つの橋
5位	三千院	庭一面のコケが美しい
7位	南禅寺	疎水が流れる水路閣も
8位	糺ノ森	下鴨神社南の太古の森
8位	二年坂・産寧阪	清水寺と高台寺を結ぶ
10位	祇王寺	庭園にコケが生い茂る
10位	青蓮院	知恩院隣接の門跡寺院
10位	白沙村荘	画家・橋本関雪の邸宅

2006年5月27日付「日経プラスワン」から

の京都水族館もアリですよ。

地下街が少ない、そのワケは……

京子◆屋根がある場所、という意味では、錦市場もいいんじゃないですか。午後６時にはシャッターが降りますが、夜までやってる飲食店も少しずつ増えてますよ。

太郎◆だったらいっそ、地下街に逃げ込んだらどうでしょう？

部長◆でも京都は地下街が少ないぞ。東京や大阪、名古屋のように、つい迷子になるような地下街はないな。

太郎◆京都で最初の本格的な地下街は、１９８０年（昭和55年）11月の京都駅の「ポルタ」

アーケードが続く錦市場は雨の日の強い味方

だそうです。市営地下鉄が開通する半年前の先行開業ですね。

京子◆ウチの叔母が「ポルタができた時、トイレのにおいに感動したわ」と言ってました。よくよく聞いたら、芳香剤というか薬剤の香りのことでしたが。

部長◆なんだ、そりゃ。当時の公衆トイレ事情を反映した感想だなあ。

太郎◆実はポルタよりずっと前、1963年（昭和38年）6月に地下で延伸した阪急電鉄の烏丸・河原町間に地下街があります。ただ、百貨店の入り口を除けば店舗はなく、長い地下道と言った方が正しいですね。

京子◆阪急は商店街を計画してたんですが、「地上がさびれる」と反対運動があったようです。地下鉄が四条や御池、京都の駅構内に商業施設「コトチカ」を展開しているのに比べると、さびしい気もしますが。

部長◆コトチカはそもそも、赤字対策として生まれた駅ナカビジネスだな。

京子◆そうです。建設費がかさんで多額の累積赤字を抱える京都市交通局は必死です。

部長◆古都・京都は掘れば必ず何か出るからなあ。

地下を通るのは水？ 鉄道？

京子◆何か出るといえば、地下からは水が出るんですよ。市内各地に名水スポットがあって、容器片手にくみに来る人の姿を見かけます。

太郎◆京都のすぐ南隣、大阪府島本町にサントリーの山崎蒸留所があるのも名水の賜物《たまもの》です。ちなみに初代工場長は、後にニッカを興す竹鶴政孝氏です。

部長◆おいおい、京都、水、酒とくれば、やっぱり伏見だろ。かつては「伏水」と書いていたぐらいだし。

太郎◆伏見というと、実は中心地で近鉄の地下化の計画があって……。

部長◆ひょっとして大ニュースか？

太郎◆すいません、残念ながら昔話です。昭和初期、前身の奈良電鉄が京都と奈良を結ぶ計画のなかで、伏見は地下を通そうとしたそうです。

京子◆伏見で地下、ですか？

太郎◆陸軍の練兵場を横断するのが当初の会社案でした。ところが国が用地譲渡に難色を示したので、ならば地下を通そうと考えたようです。

部長◆ふむふむ。

太郎◆ところが地下を掘られては、大切な水脈が途切れる恐れがある。伏見の酒造組合は「酒造業が衰微する」「国庫への酒税納入が減る」と訴え、学術調査も実施。結果、地下化は断念され、現在のような高架による鉄道建設になったそうです。

京子◆へえ、伏見に地下鉄って不思議だったけど、そういうことなのね。

部長◆太郎にしては、ずいぶん〝鉄分〟の濃い話だな。

太郎◆京都の水とは違います。

部長◆掘れば掘るほど、特ダネが出てくるんだろうな。

太郎・京子◆頑張ります。

其の七

泊まれる「町家」に注目 1万円でスイート並みも

京都の風情を代表する建物のひとつが町家《まちや》。今なお人々の暮らしの舞台ですが、最近は宿泊施設に変身して人気を集めています。

京町家、1棟を丸ごと貸し切り

竹屋町京子◆東京から観光に来た友人にあるホテルを紹介したんですけど「京都らしさ」に欠けると言われてしまったんです。

岩石部長◆ぜいたくな友達だな。秋は京都観光のトップシーズンで、できれば避けるのが無難だと考える人もいるくらいだ。宿が確保できただけでもいいじゃないか。

東太郎◆でも、紅葉は秋しか見られないんですよ。秋に京都の情緒を味わうというのは日本人の特権です。今日こそは、私のとっておきの取材成果を披露しましょう。

部長◆大丈夫だろうな。おまえには何度も痛い目に遭わされているぞ。

太郎◆お任せください。早速説明したいのが、最近広まっている町家を改装した宿泊施設です。京都特有の細い路地を1本入ったところにあったりして、これぞ「本物の京都」って感じで。1棟丸ごと貸し切り、というのもあります。

京子◆町家といえば坪庭や木製の格子に風情が

代表的な町家「杉本家住宅」は国の重要文化財だ

あって、女性を中心に人気が高まってますね。

太郎◆宿泊形態は様々です。1棟貸しタイプから、朝食のみを提供する和風旅館の片泊まりタイプ、それに大人数で相部屋に泊まるゲストハウスタイプまで、ニーズに応じて選べます。

京子◆1棟貸しは特に関東からの観光客に人気があるんですよね。片泊まりは「夕食は祇園や先斗町に行きたい」という人におすすめ。ゲストハウスは1泊2000～3000円から と比較的安価で泊まれるのが特徴ですね。

太郎◆国内客にも人気がありますが、祇園のゲストハウス「一円相」の利用客の9割以上が外国人客というように、海外での人気も高いんですよ。すべてのタイプに共通しているのは、ゆっくり京都を楽しみたいという長期滞在派に向いている、という点でしょうか。

部長◆うむ。ホテルや旅館もいいが、京都好きのリピーターには一度試してもらいたいな。我々も早速、1棟貸し町家の見学に行ってみるとしよう。

寝室にはベッド、キッチン付きも

京子◆リノベーションしてあるとさすがに奇麗ですねえ。調度品やふすま絵が京都らしさを際立たせています。

太郎◆といって、すべてが和風というわけではないですね。

京子◆寝室にベッドがあったりトイレが洋式だったり。エアコンもあるから助かるわ。夏は暑さ、冬は寒さがすごく厳しいのが古い木造建築の宿命なんだけど、これからの時期は過ごしやすくていいかも。

部長◆風呂の窓から坪庭が眺められるというのも、心憎いな。

太郎◆夕食は観光客に人気の商店街、錦市場で買ってきました。1棟貸しタイプは、キッチンはあるけど簡単な調理しかできない仕様です。広い和室があるのが特徴なので、気に入ったおそうざいやツマミを買ってきて宴会を開くのが楽しいですよ。

部長◆それにしてもキッチンに和室、寝室、それに二階まであって、まるでホテルのスイートルームだな。結構な料金じゃないのか？

太郎◆人数次第です。季節にもよりますが、2人で泊まれば1人1万円強ですね。10人くらいまで宿泊できる町家もあり、1人5000円程度で収まる場合もあります。

京子◆宿泊可能な町家は市中心部の四条烏丸から金閣寺あたりまで、かなり広いエリアに分散していますねね。中心部から離れるほど安くなる傾向があるから、目的の観光地の近くで探すのもいいでしょう。

部長◆そうだな。まあ、せっかくみんなで来たんだから、ぱーっと飲もうじゃないか。今夜は無礼講だ。

太郎◆ありがたいお言葉ですが、騒ぎすぎには要注意です。1棟貸しといってますが、町家は長屋のように隣に人が住んでいることもあります。それに木造建築ですから、ね。

好きな料理を持ち寄っての宴会も
町家ステイの魅力のひとつ

空き家にするのはもったいない隠れた高収益資産

京子◆京町家が絶滅寸前だという話がありますね。

部長◆米国のワールド・モニュメント財団という組織が「世界危機遺産」に認定しているな。京都市の調査によると現在市内に約4万8000軒があるが、1年間で100軒以上が姿を消しているそうだ。

太郎◆もったいないですね。京町家はマンション投資を上回るほどの有力投資物件だというのに。例えば、リフォームを手がける八清（京都市）が改修したある町家は、土地取得を含めた初期投資が3000万円強。低めに見積もって6割の稼働率で運営しても、約14年間で投資が回収できる計算です。持ち主が京都に旅行に来るときに別荘として使うこともできて、経済性は高いんです。

部長◆うむ。町家の約1割、およそ5000軒が空き家になっているという京都市の調査もあるな。町家を壊して更地にすると「居住目的でない」と判断され、土地にかかる固定資産税が原則6倍に跳ね上がるという、税制上の理由も影響しているんだ。

さらに ここだけの話

まだある、京のユニーク宿

宿がとれない、さらには「宿泊費や時間がもったいない」という人に人気なのが夜行バス。東京・京都間なら所要7時間ほどだ。シートのバリエーションも増え、以前より眠りやすくなった。駅前にある京都タワーの大浴場は朝7時オープンで、夜行バス利用者のリフレッシュに人気のスポットとなっている。

清水寺に次いで観光客が多い嵐山。京福電鉄の駅舎の3階に嵐山レディースホテルが開業したのは、昭和49年（１９７４年）のこと。女性の一人旅が一大ブームになった時代だったが、２００２年で幕を閉じている。最近では1時間単位で利用できる高級路線のカプセルホテルが市の中心部に登場、話題になっている。

仁和寺と広沢池のほぼ中間にある宇多野ユースホステルは、２００８年に建て替えられた。世界約90カ国、４千施設が加盟している国際ユースホステル連盟から「世界で最も居心地のよいユースホステル」に09年と11年の2回、選ばれている。

太郎◆宿泊施設にリフォームされた町家の多くは、相続上の問題などで持ち主が放棄した物件を使っていると聞きました。
京子◆せっかくの歴史的遺産が、空き家になってしまうのは悲しいわ。うまく使えば地域活性化にもつながるし、ピーク時の宿泊施設不足の対策にもなりそうだけど。
太郎◆法律上の問題もあります。旅館業法上の「簡易宿泊施設」の体裁を整えるため、この1棟貸し町家のように玄関脇に実際は不要な帳場スペースを設けたり、宿泊者用と従業員用ということでトイレが2つ必要だったりするんです。
部長◆空間の無駄遣い、改修費の高騰というデメリットがあるわけか。せっかくの有効活用法が阻まれているなら、京都にとって大きな損失だな。

町家の貸し切り、割り勘なら安かったですね。
とことん飲めて、そのまま寝られるのが最高。

京子◆町家に関する規制緩和は菅政権時代に内閣府の有識者会議がまとめた「日本を元気にする規制改革100」にも盛り込まれたの。でも、その後はうやむやになってるわね。

第三章

学校では教えてくれないコト

其の一

学校では教えてくれない京都の歴史

長い歴史の街、京都。なんでもかんでも「古くて伝統がある」と思っていると、時に間違うことがあるので注意が必要です。

変わりダネ聖地、「けいおん!」ゆかりの地

岩石部長◆語り尽くされた感のある京都観光だが、何か変わった話はないか?

東太郎◆任天堂の本社に時々、観光客が訪ねて来るそうです。

竹屋町京子◆はあ? 大企業のよくあるビルですよ。「商品には店頭で触れて」という社で

すから、見るべきものは特にありませんけど……。

太郎◆ゲーム好きにとっては、何だかたまらない魅力があるようです。写真を撮って帰る人もいて、一種の聖地のようですね。

部長◆なるほど。島津製作所は明治期の木造社屋を島津創業記念資料館として開放しているけど、社屋が存在するだけで産業観光の資源になるってことか。

太郎◆人気アニメ「けいおん！」ゆかりの地めぐりも、話題になってずいぶんたちます。南禅寺の水路閣や出町柳の鴨川の合流地点、修学院あたりなど、動画の背景に使われた場所に赴いては、思いをはせるんです。

部長◆若い人はいろんなことに面白みを見いだすんだな。

京子◆2011年にはロケ地沿いを走る叡山電鉄が、けいおんとタイアップした電車を走らせてました。京阪電鉄大津線にもキャラクターをでかでかとラッピングした車両があります。

祇園のあそこも、空襲に備えて疎開していた

太郎◆部長には伏見の酒蔵めぐりがいいんじゃないですか。内陸にありながら港町として発

展した伏見。運河は風情がありますし、月桂冠の大倉記念館では利き酒もできます。

部長◆そういう実利系がありがたいな。

太郎◆でも産業観光って正直、オッサン臭くないですか？

部長◆おいおい、経済新聞の記者とは思えない発言だな。君が着任して真っ先に見に行ったインクラインだって、立派な産業遺産だぞ。ケーブルカーみたいなもの。水路と水路の間で高低差が大きい区間では、台車に船を乗せてワイヤで引っ張り上げた。

京子◆琵琶湖の水を京都市に引っ張る疎水を活用した、物流の大動脈ですもんね、明治初期の。

部長◆明治維新の後、衰退が始まったかつての都を再興するために進められた、一大公共事業が琵琶湖疏水の建設。農業・工業用水、水運、発電など多目的に役立った。

京子◆京都と滋賀の水運としても活躍したんですよね。

太郎◆単に桜の名所と聞いて出かけたんですが。南禅寺の近くだし。

部長◆京都で記者人生を送るかいのないヤツだなあ。

太郎◆ニュースを追うのにいっぱいいっぱいで、歴史の勉強が後手に回ってます。

部長◆記事に厚みが出ないのはそのせいか。

京子◆でもたしかに「産業観光ってイマイチ」っていう太郎先輩の言い分も分かります。それこそ琵琶湖疎水に代表される近代化遺産が話題ですが、意義はさておき若い子が積極的に見に行くかというと……。

部長◆なんだ、京都は歴史が長いから近代ぐらいじゃダメか？

太郎◆おっ、それって「こないだの戦争といえば応仁の乱」ってヤツですか？

京子◆また極端な……。

太郎◆でも、第2次世界大戦の戦禍はまぬがれたんでしょ？

京子◆京都も米軍機の空襲を受けてますよ。それに東西にはしる五条通や二条城の横を南北に通る堀川通、そして市役所のある御池通が際だって幅広なのは、空襲に備えた建物疎開の名残です。祇園の中でも人気の白川沿い、白川南通もそうです。古いものが多く残ってる街だからって、勘違いしないでください。

人気の石塀小路は、明治まで竹やぶだった

部長◆まあ落ち着いて。2人とも高台寺近くの石塀小路《いしべ》は知ってるよな。テレビ番組や女性誌で、よく取り上げられているし。

太郎◆もちろんです。こないだ連れて行った両親にえらく感謝されました。特に母親が「古都って感じがいい」って喜んで。

部長◆たしかに夕暮れ時から夜にかけて、何とも言えない風情があるな。でも実は、今のような風景になったのはわりと最近らしい。

京子◆祖母から聞きましたが、明治末期までは竹やぶだった場所だそうです。

部長◆街灯なども整備されて今のように美しい石畳になったのも、せいぜい30、40年前の話だそうだ。

京子◆敷いてあるのは、廃線になった京都市電の軌道で使っていた敷石なんですよね。

太郎◆路面電車が京都を走っていたんですか？

京子◆1978年（昭和53年）に廃止されるまで80年以上、走ってました。そもそも京都は

清水寺の参道とつながる三年坂は
京都を代表する景観のひとつ

哲学の道にも京都市電の敷石が再利用されている

戦後史の授業って、入試の前までに終わらないし……。
地元の人って、地元のことを知らないもので……。
言い訳無用じゃ！

日本で最初に電気鉄道が走った都市ですから。

部長◆琵琶湖疎水の水力で発電した電気を利用して、な。インクラインのすぐ横に発電所があって、ちなみに今も現役だ。歴史の点と点がつながってこないか？　市電もその敷石も、立派な近代化遺産だ。

太郎◆石塀小路がそんなに〝若かった〟なんて……。

部長◆清水寺から高台寺に抜ける三年坂（産寧坂）や、銀閣寺近くの疎水べりにある「哲学の道」、それにさっき言った白川沿いあたりにも、部分的に市電の敷石が使われてるんだってな。

太郎◈あそこは昔からずっと、ああいう景色なんだと思ってました。

部長◈その昔とは、どの昔のことかな？　古いようで新しい、新しいようで古い。京都にいると歴史に対する理解力が鍛えられるな。

其の二

餃子の王将に赤本、白ローソンに黒マック!?

ガイドブックや「京都本」は文化や歴史に関する話題にあふれていますが、経済に関する話題がまず見当たりません。真の「京都通」への入り口として、企業や産業のこともアタマに入れておきましょう。

「あの会社」も、実は京都の企業です

東太郎◆転勤で京都に来るまで、「餃子の王将」が京都発祥とは知りませんでした。

竹屋町京子◆それは問題じゃないですか、先輩。

岩石部長◆記者としては問題だが、外部の人の「対京理解」はそんなものだろう。君たちだってゲーム世代だから、任天堂ぐらいはさすがに知ってただろうけど。

太郎◆それも実は……。子どもはそもそも、企業とか本社所在地とか意識してませんから。

部長◆開き直ったな。

太郎◆でも、京都は中堅・中小企業にもシェアトップの企業や「知る人ぞ知る」のユニーク企業が多いので驚きます。

京子◆たしかに私も「はかりのイシダ」は昔から知ってましたが、自動計量・包装システムや食品異物検出システムの世界的な企業だと理解したのは、実は最近のことです。

餃子の王将1号店は京都市の四条大宮で今も営業中

太郎◆老舗が現代風に進化した、っていう例も目立ちますね。

部長◆福田金属箔工業が有名だな。仏具や漆器に使う金や銀の箔《はく》や粉をつくっていたのが、今では電機や自動車に欠かせない金属メーカーだ。

太郎◆意外だったのは、京都がちょっとした「金融王国」だということ。関西で一番大きな地銀といえば京都銀行だし、信用金庫に目を向けると、京都中央信金はなんと日本一です。

京子◆表にまとめた企業で、知名度クイズをやってほしいですね。

ナンバーワンの有名上場企業が多数

太郎◆大企業の説明ならおまかせください。京セラや日本電産がやはり代表格じゃないですか。ともに100メートル級の本社ビルを持ち、京都駅の屋上から見通せます。2つのビルは言うなれば、現代の東寺と西寺でしょう。

京子◆おや、歴史の話に振りますか？　だったら、京都の顔は島津製作所でしょう。「産学連携」なんて言葉が生まれる前から、京都大学をはじめアカデミズムとも組んで最先端の研究、開発を続けてきました。ちなみに同社の田中耕一シニアフェローが2002年にノーベル化学賞をとった時は、課長より下の主任さんでしたね。

太郎◆ＥＶ（電気自動車）向けバッテリーでも話題のジーエス・ユアサコーポレーションは、島津からの流れです。ＧＳって「ゲンゾー・シマヅ」、つまり創業者の島津源蔵の名前です。

京子◆２代目源蔵が電気自動車「デトロイト号」に乗っているのを見たことがあると祖母が言っていた、という話を母から聞いたことがあります。

部長◆一覧表を見ると世界的な企業がたくさんあるけど、部品メーカーが多い。学生や一般消費者への知名度アップに向

京セラの本社（左、伏見区）は屋上と南側壁面を太陽電池モジュールで覆う。日本電産の本社（右、南区）は高さ106メートルで、京都で最も高いビル

京都を代表する有力上場企業

五十音順

オムロン	制御機器大手。 ATM や自動改札機の先駆的な開発で知られる。 山田義仁社長は 2011 年に 49 歳で就任
京セラ	電子部品大手。第二電電の設立や 多角化を進めた創業者の稲盛和夫氏は、 経営塾「盛和塾」でも有名
京都銀行	ルーツは丹波・丹後と 京都市内では後発だったが、近畿の地銀最大手に。 大阪、名古屋と積極出店
島津製作所	グループ・協力企業と 京都のモノづくりの中核を担う。 戦前から「さん」付けで呼ばれた名門
宝 HD	焼酎、みりんのトップで、缶チューハイでも有名。 清酒は「松竹梅」。 バイオ系上場子会社も
日本電産	精密モーター大手で、HDD 用は世界一。 永守重信社長の積極果敢な M&A による事業拡大で成長
任天堂	「ニンテンドー DS」「Wii」の 世界的ゲーム機メーカー。 ルーツは明治の花札カルタ業
堀場製作所	学生ベンチャーの草分け的存在。 排ガス測定器で成長。 社是は「おもしろおかしく」
村田製作所	セラミックコンデンサーなど電子部品。 自転車に乗った倒れないロボ 「ムラタセイサク君」で PR
ローム	カスタム LSI が主力の半導体メーカー。 創業者の佐藤研一郎氏は 音楽メセナ活動でも知られる
ワコール HD	日本一の下着メーカー。男性用、スポーツ用も。 女性4万人の体形データ持つ 人間科学研究所を置く

けた苦労話をよく聞くな。

京子◆あら、「○○製作所」って名前、私は逆にクールでカッコイイと思いますよ。

太郎◆本紙朝刊の最終面「私の履歴書」にもオムロンの立石一真、ワコールの塚本幸一、堀場製作所の堀場雅夫、村田製作所の村田昭、そして京セラの稲盛和夫の各氏と、著名な創業者が登場しています。

部長◆日本航空の会長として経営再建を担った稲盛さんは、一部で「東京電力の会長に」って説があったな。

太郎◆有力企業はマネジメントにも優れています。経営学の世界で「京都モデル」と称され、分析の対象になることもしばしばです。

京子◆ただ、イキのいい次世代企業が続いていない、という見方もあります。上場企業は67社ですが、2009年以降は新規公開がありません。

伝統産業、生き残りの狙い目は海外にあり？

太郎◆伝統産業もおさえておかないと。「着物」ってどうだっけ？

この企業も京都が本社

★は上場企業、五十音順

イシダ	スーパーや食品工場向けの「自動はかり」で業界トップ
エムケイ	タクシー業界の値下げ競争の火付け役。全国主要都市でも展開
王将フードサービス ★	「餃子の王将」を展開。1号店は四条大宮（中京区）に今も
京都中央信用金庫	預金残高4兆円超と信金で全国トップ。愛称は「チュウシン」
月桂冠	日本酒の通年醸造、大量醸造を手がけた、伏見の名門
コタ ★	美容室向けにシャンプー、整髪料を手がける。コンサルも
佐川急便 ★	宅配便でヤマト運輸とシェアを二分
松風 ★	歯科で使う入れ歯や差し歯のトップメーカー
世界思想社教学社	大学入試の過去問を集めた「赤本」の版元
大日本スクリーン ★	半導体洗浄装置で世界トップ。源流は明治創業の美術印刷
タキイ種苗	種苗首位。トマト「桃太郎」は有名。研究農場付属専門学校も
トーセ ★	任天堂など大手ゲームメーカーのソフトを受託開発する独立系
ニッセンHD ★	カタログ通販業界の老舗。ルーツは染色業の「日本染芸」
はてな	「人力検索はてな」などを開発したITベンチャー
福寿園	サントリーとのコラボ商品「伊右衛門」は創業者の名前から
マルハン	パチンコホール最大手。連結売上高2兆円超
ミネルヴァ書房	学術図書出版。「日本評伝選」シリーズを展開
ワタベウエディング ★	海外挙式は日本一。発祥は西陣の生糸商

京子◆和装は1970年代にピークを迎え、今ではその数%にまで落ち込んでいます。

部長◆ただ、外国人の「和」に対するあこがれは根強いものがあるぞ。建築の内装に西陣織を使う、なんてアイデアが評判で、ディオールなど高級ブランドの旗艦店や外資系ホテルの壁紙に京都の織物が使われている。

京子◆西洋だけじゃありません。中国に進出しているワタベウェディングによると、上海あたりでは日本の着物で結婚写真を撮るのが人気だそうです。

部長◆そういえば西陣織会館も、中国人をはじめアジアからの観光客でにぎわってるな。和装関係の生き残りのヒントがありそうだ。

太郎◆たしかに外国に目を向けるべきです。京料理でも老舗「菊乃井」の村田吉弘さんが2012年9月にロンドンの金融街、シティーに店を出すほか、アジアへの出店も視野に入れています。

部長◆国内相手だけで商売する時代じゃないんだな。古都に欠けている外資系高級ホテルも、2014年にリッツ・カールトンとフォーシーズンズが進出してくるし。

ルーツをたどれば、あれもこれも

太郎◆故事来歴を調べていたら、京都がルーツって色々ありますね。大丸、高島屋といった百貨店も源流は京都。高島屋は天保2年（1831年）の古着木綿商がルーツで、大丸は享保2年（1717年）までさかのぼります。

京子◆受験生には懐かしい「チャート式」の数研出版、「Σ Best（シグマベスト）」の文英堂も京都ですよ。

太郎◆グンゼも登記上の本社は京都府綾部市です。

京子◆漢字で書くと「郡是」。郡の産業発展に製糸業を興そう、という明治中期の創業者の思いが伝わりますね。

太郎◆京都といえば、映画も伝統産業。かつて撮影所がたくさんあったし、今でも東映の太秦映画村は時代劇の撮影に欠かせません。

京子◆映画といえば、立命館大学には映像学部までありますよ。ちなみに京都府などの調査によると、中国で最も知名度の高い日本アニメのキャラクターは「一休さん」です。

さらに ここだけの話

最初は赤くなかった！ 過去問集の「赤本」

入試過去問集で代表的存在の「赤本」。世界思想社教学社（京都市）が1954年（昭和29年）に創刊した時は「京大」「阪大・神大」「同志社・立命館」の3冊からのスタートだった。

表紙の色は実は赤色だけでなく、大学ごとに緑や青、紫、グレーなどを使い分けていた。オレンジ色で統一したのは10年後。さらに印刷業界で「金赤」と呼ぶ柿色に変更した70年ごろから、赤本と呼ばれるようになった。

80年代には大手の予備校や通信添削会社が難関大を中心に「青本」「グリーン本」で参入したが、全大学の約半数の380大学をカバーする赤本が刊行点数の多さでも圧倒的な優位性を保つ。分析・解説に定評があり「予備校を経営してはどうか」との誘いもあったそうだ。

解いているのは高校や予備校の教師たち。地方大学については事情に詳しい地元の教師たちに依頼することも多い。京大や府立医大といった難関校がある土地柄だけに〝元受験生〟のアルバイトたちも貴重な戦力だ。

太郎◆大学といえば、慶応義塾が京都にあったとかつて紹介しましたが、実は学習院もルーツは京都。江戸末期、御所の中にありました。

部長◆なんだかトリビア大会になってきたな。大学つながりでいうと、龍谷大学が日本の大学では実に35年ぶりとなる農学部を２０１５年4月に新設することが話題になったな。

「白ローソン」に「黒マック」って？

京子◆京都の経済を語るなら、景観政策も見逃せません。ビルの高層化は市中心部では無理ですから。

部長◆駅前にある京都タワーや現在の京都駅ビル、それにホテルオークラ京都は、建設時に論争を巻き起こしたな。

太郎◆コンビニの看板も東京と微妙に違いますよね。各社ともコーポレートカラーを多少犠牲にしてまで、景観に配慮しています。

京子◆もっとも、京都タワーにしても何にしても、時がたつと批判はおさまってきますね。

部長◆南禅寺周辺は庭園も多くて京都を代表する人気観光地だが、明治期に工業団地になる

イメージカラーを抑え、白い部分を増やしたコンビニの店舗看板

予定だったことは知ってるか？

京子◆あんな風情のある場所を、ですか？

部長◆そう。琵琶湖疎水はそもそも、水車を動かして動力を確保し、それにより繊維産業を発展させようとしたものだった。ところが、計画途中で水力発電が可能となったことなどから計画を変更。水車利用のアイデアは消え、周辺の土地利用計画も宙に浮いた。

太郎◆そこでかわりに高級別荘地となっていった、というわけですか。

部長◆その通り。都市の姿はどう変わっていくのか。計画があっても、その通りにはいかないこともあるんだな。

新幹線「ひかり号」が京都を通過、の歴史

太郎◆経済関係の計画というと、2025年の営業開始を目指して東海旅客鉄道（JR東海）が進めるリニア中央新幹線のルートはどうなりますかね？

京子◆東京と名古屋、大阪を結ぶ次世代の高速鉄道ですね。名古屋と大阪の間のルートは「奈良市付近」、というのが1973年（昭和48年）の国の整備計画。「こっちに通せ」と奈

良と京都の綱引きになってますね。
太郎◆本当に京都を通さずに、成り立つんでしょうか。
部長◆新幹線だって最初は京都駅に止まらない案があったしな。
京子◆えっ？「名古屋飛ばし」は聞いたことがありますけど……。
部長◆それは「のぞみ号」が導入された時に、一部列車は名古屋を通過させて時間を短縮しようとした話だろ。実は「ひかり号」も1964年（昭和39年）の開業前、京都駅を通過す

御室《おむろ》に本社があったから、オムロン。
京セラは創業時、京都セラミックだった。
ロームの「オーム」は抵抗器の単位、Ωです。

る計画だったそうだ。

太郎◆大観光地だし、ドル箱なのに……。

部長◆京都関係者が懸命に巻き返して、計画段階で終わったけどな。

京子◆新幹線がすべて京都駅に止まるなんて、今では当たり前ですもんね。

部長◆なら、リニアはどうなるのかな？　これも分からんぞ。仕事もしかり。予備知識を持ち、でも予断は持たずに、日々の取材に臨むべし。

太郎・京子◆了解です！

其の三

老舗が何百年も生き残れる理由

古都だけに伝統をかたくなに守る街……というのは、京都の特徴の一部でしかありません。生き残るためには、時に大胆な変革にもチャレンジします。

創業４５０年超の老舗企業が備える〝本能〟とは

竹屋町京子◆底冷えする京都では使い捨てカイロとホット・ドリンクが手放せません。

岩石部長◆温かい飲み物といえば、三条通にある「伊右衛門サロン京都」のカフェに行ってきたぞ。運営している京友禅の千總《ちそう》は創業１５５５年だってな。２０１２年で４５８年目か。

東太郎◆絶対につぶれないと信じられていた大企業が倒産するご時世ですから、この歴史の長さは驚きですよね。千總は今でも芸舞妓《まいこ》さんらが着る和服の付け下げや訪問着で有名ですよ。「よーいやさー」の掛け声でおなじみの「都をどり」の衣装を手掛けることもある、ザ・京都の老舗企業です。

京子◆私は京都生まれなんであまり意識してないんですが、東京から祇園を訪れる人はよく「京都らしい」という言葉を無意識に使いますよね。この言葉、実は千總のような企業がものづくりを続けているからこそ、なんですよね。

部長◆確かにそうだが、老舗企業でも時代や環境の変化に適応し続けるのは、そう簡単なこ

国産糸にこだわる千總の訪問着

とじゃないぞ。

太郎◈千總の会長、15代西村總左衛門氏によると、この100年の間だけでも危機が３度あったそうです。１度目は東京遷都。皇族だけでなく多くの製造業や商人も東京へ移った。

京子◈大口需要家がいなくなり需要が減った、ということですね。

太郎◈当時の社長、12代は同じく需要減少で仕事を失っていた日本画家に図案を描く仕事を依頼。画家が和服の絵柄を描くなんて当時は考えられないことだったが、これが京友禅に新たな息吹をふき込むことになったそうです。

京子◈ピンチをチャンスに転じた、ということですね。

太郎◈２度目は第２次世界大戦。戦時下ではぜいたく品の生産が禁じられたが、生産ラインを止めると蓄積してきた技術を失いかねない。そこで政府の許可をもらい、職人に生産を続けてもらったんです。売ることができない、着物としては使えない生地をつくり続けたことで財産を食いつぶしたようですが、老舗の〝本能〟で切り抜けたわけです。

部長◈３度目は分かるぞ。今にいたる着物離れだな。京友禅の生産量はピークだった1972年（昭和47年）のわずか３％にまで落ち込んでいるというぞ。

太郎◆そうなんです。千總はここで、友禅の技術をあらゆるアイテムに活用するという手段に打って出ました。ジョルジオ・アルマーニの洋服からサントリーの伊右衛門まで、異なるジャンルの企業とコラボ製品を発売しました。

京子◆何でもアリね。

太郎◆注目すべきは、原料の生糸をすべて純国産にした〝逆張り〟戦略でしょう。国産糸を使わなくなってしまうと細々と残る養蚕業が国内から姿を消してしまい、一流の和服は二度とつくれなくなる。外国産の生糸を使うよりコストは4割高になったようですが、技術を維持するためには生産元を絶やさない、というまさに伝統的な京都式の経営理念で危機を乗り切ろうと

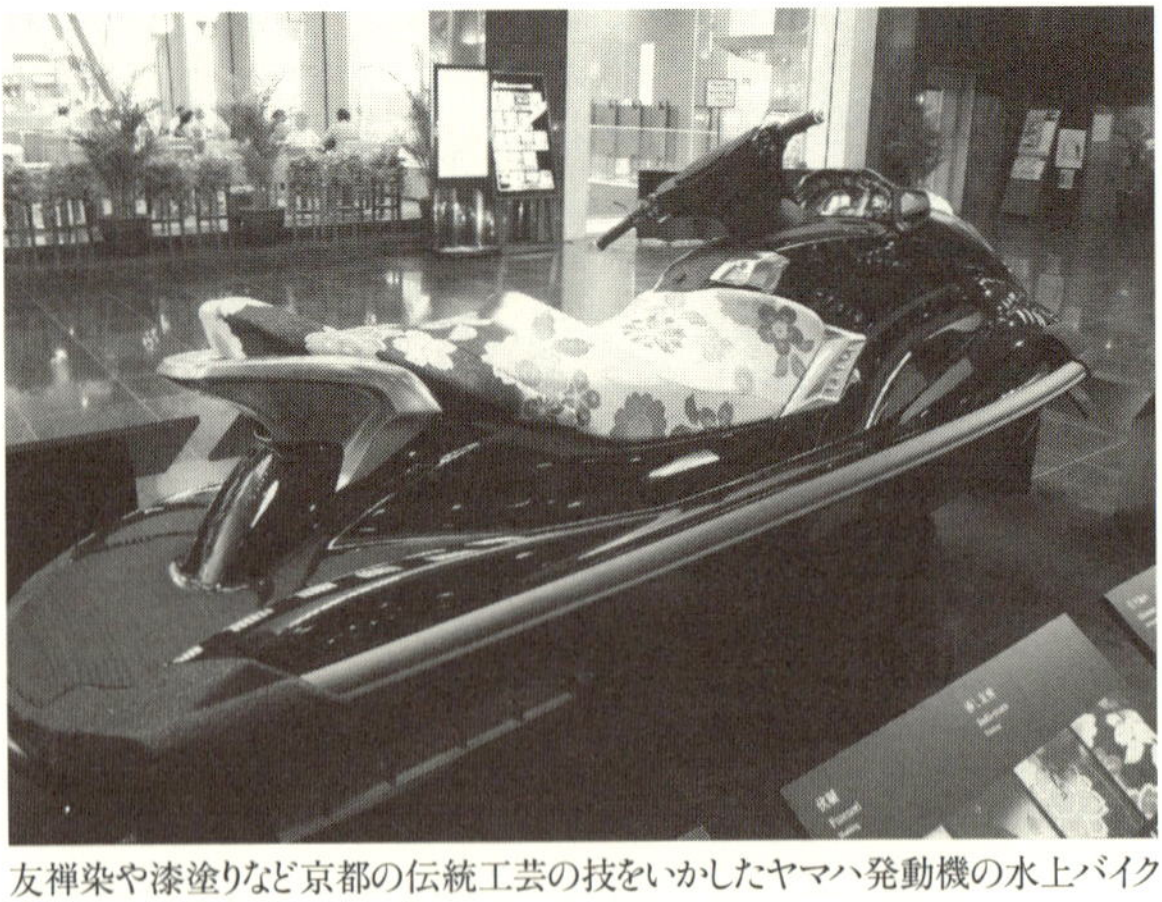

友禅染や漆塗りなど京都の伝統工芸の技をいかしたヤマハ発動機の水上バイク

しています。

照明事業が売上高の3分の1を占める和傘屋

京子◆太郎先輩、伝統産業担当だけに昔のことにも詳しいですね。

太郎◆ちょっと待った。伝統産業を単なる古い産業ととらえてしまうと、誤解を招いてしまうんですよ。例えば、芸舞妓さんが雨の日に持って歩く和傘。京都で唯一の和傘製造元、日吉屋は「老舗ベンチャー」を標榜しています。

京子◆日吉屋さん、私も知ってます。100年以上の歴史がありますが、和傘需要の低迷で一時は年間売上高が100万円台にまで低迷したとか。起死回生の一手が、和傘の構造や美しさを利用した和風照明。海外で先に人気が出たんですよね。今では「古都里」のブランド名で国内でも本格的に展開、和風照明が売上高全体の3分の1を占めるそうよ。

部長◆照明なのに傘のように開閉ができる仕組みなんだろ。あれは、斬新だよなあ。

太郎◆5代目社長の西堀耕太郎氏によると、和傘の製造工程は細分化すれば数十もの手間がかかるといいます。それぞれが分業制なので、どこかの工程が欠落すると完成できない。特に傘の骨を開閉する役割を担う連結部をつくれるのは、今や日本で1社しかないそうです。

京子◆だから、年間売り上げが100万円台でも生産を止めなかったわけね。一度あきらめると、和傘が世の中から姿を消してしまいかねないものね。

太郎◆現在は国内大手と提携して環境配慮型の次世代傘の開発にも着手しています。和傘のDNAが新たな傘の姿をうみ出すかもしれません。

和傘の特性をいかした日吉屋の和風照明

和桶職人が生産するシャンパンクーラー

部長◆最近、お茶屋や高級飲食店などで見かけるのが、木製のシャンパンクーラーだ。金属製やプラスチック製にはない、なんともいえない魅力があるな。材料は高野山の槙《まき》だ。

太郎◆和桶《おけ》の中川木工芸が２０１０年に製造を始めたものですね。ルイ・ヴィトンブランドを保有する仏ＬＶＭＨとの事業提携で話題になりました。２代目の先代・中川清司氏は人間国宝にも認定された名工です。

京子◆今後狙うのがシャンパンクーラーの海外販売ですね。米国の最高級百貨店なども注目しているようですよ。

部長◆京都の桶職人の工房はわずか数軒にまで減ってしまった。中川氏の初代の時代には京都だけでも約２５０軒が集積していたというのに……。

和桶職人が手がけた中川木工芸のシャンパンクーラー

浴衣を買って祇園祭の宵山に行ってきたぞ。
帯を締めるのって、キツくないですか？
和装が分からない男性はモテませんよ。

太郎◆中川木工芸は今でも高級旅館などに技術の粋を集めた桶や食器を納入し続けています。ですが、シャンパンクーラーの事業に乗り出してから職人の増員にも踏み切り、それにより本来の桶事業の継続につながった、という側面もあるようです。

部長◆考えさせられることが多いなあ。国内企業が長期的な経営について改めて考える場面で、危機を乗り越えてきた京都の老舗に注目が集まりそうだな。

其の四

なぜテレビドラマの「事件」は、京都ばかりで起きるのか

伝統文化の街、京都。テレビドラマに映画にフィギュアと、多種多様な現代コンテンツの発信地でもあります。

地元のオバチャンもツッコむ京都ミステリー

東太郎◆ウチの母が「テレビドラマの殺人事件って、京都ばかりね」と言ってます。

岩石部長◆そうかな？　海辺のがけっぷちで犯人が「私がやりました」と泣き崩れる印象も強いけど……。

竹屋町京子◆ははは、二人ともお好きですねえ。

部長◆役者の顔を思い浮かべると、橋爪功、片平なぎさ、渡瀬恒彦、名取裕子、沢口靖子、船越英一郎……って、たしかに京都っぽいな。

京子◆テレビ朝日系の「木曜ミステリー」シリーズは、多くが京都モノですもんね。「京都迷宮案内」に始まって「おみやさん」「京都地検の女」、それに「科捜研の女」と。

部長◆君だって詳しいじゃないか。

京子◆母がよくツッコミながら見てるんです。「そんな短時間で嵐山から清水寺に移動できるか！」とか「なんで錦市場で聞き込みすんの？」とか、地元のオバチャン目線ですけど。

太郎◆たしかに人気スポットがよく出ますね。ウチの母も「名所が映るのがうれしい。京都に行きたくなる」と言ってます。

部長◆京都に来る観光客の大きな柱が中高年女性。ミステリーでありながら旅情もかき立てる、そこがテレビ局の狙いだな。

日本のハリウッド、東洋のハリウッド

太郎◆木曜ミステリーの製作は東映なんですよね。

京子◆東映の京都撮影所が時代劇からシフトして現代劇を手がけるようになったのが、シリーズのそもそものスタートだそうです。１９９９年（平成11年）のことです。ドラマ撮影を支えるスタッフやロケ地に恵まれていたことも、京都モノが多い理由のひとつでしょう。

部長◆そういえばテレビ時代劇も減ったなあ。地上波では「水戸黄門」も２０１１年末で終わったし。

太郎◆京都府や京都市もテレビ局に対して、時

時代劇のオープンセットがテーマパークになった東映太秦映画村

代劇の復活を要望しています。

京子◆さかのぼれば、テレビ普及前の娯楽の王様だった映画を撮っていたころから、撮影所が京都には多かったんです。

部長◆今も撮影所があるのはテーマパーク「太秦映画村」を併設する東映、それに松竹の2社だけだが、かつては10を超す撮影所があり、意外なところでは下鴨神社の近くに松竹下加茂撮影所というのがあったそうだ。

京子◆京都が「日本のハリウッド」「東洋のハリウッド」と呼ばれた理由ですね。

太郎◆それだけに2012年5月に東映京都撮影所で火災が起きたのは、なんとも残念です。

部長◆13あるスタジオのうち、2番目に広いスタジオが全焼した。「仁義なき戦い」シリーズや、階段落ちのシーンが印象的な「蒲田行進曲」なども撮影されたスタジオだってな。

今やマンガ、アニメの都に発展

太郎◆映像を大切に育てよう、というDNAは今も生きています。府と市は2011年5月、コンテンツ特区の指定を国に申請しています。常設のオープンセットを府南部の精華町に開設して、時代劇を撮りたい制作会社などに太秦の撮影所と併用してもらう想定です。

京子◆「KYOTO CMEX（シーメックス）」という、映画だけでなくコンテンツ産業全体の振興をはかるイベントも2009年から毎年続いていますね。初回のコピーは「鳥獣戯画からマンガ、映画、ゲームまで」でした。

部長◆コンテンツづくりに懸ける血が流れてるんだな。

太郎◆アニメ、サブカル方面の注目企業も多いんです。ゆかりの地巡りのファンが絶えないアニメ「けいおん!」を制作したのは、京都市のお隣、宇治市に本社がある京都アニメーションという会社です。他にも「涼宮ハルヒ」シリーズなどを手がけています。

京子◆模型・フィギュアの製造・販売、ボークス（京都市）も、知る人ぞ知る企業です。アニメやテレビゲームのキャラクターが3次元でよみがえるわけですよ。男性客ばかりと思いきや、実は女性向けの創作フィギュアも人気ですよ。

東の芸大、西のイチゲーって?

太郎◆京都って大学の街で、芸術系もたくさんありますね。マンガ学部がある京都精華大学は、市と共同で運営している京都国際マンガミュージアムでも知られています。文社から300メートルの至近距離ですね。

京子◆他にも映画学科を持つ京都造形芸術大学や京都嵯峨芸術大学、2012年4月に開校した京都美術工芸大学もありますね。でも、大学ならやっぱりイチゲーでしょう。

部長◆京都市立芸術大学、だな。

京子◆「東の芸大、西の市芸」と言われている名門です。前身の京都府画学校の設立は1880年（明治13年）と東京芸術大学よりも古い、全国初の芸大で、美術学部と音楽学部があります。

太郎◆日本画の上村松園に土田麦僊、グラフィックデザイナーの田中一光や現代美術家の草間弥生と、卒業生の顔ぶれもすごいですね。2011年5月にベルリンフィルを客演指揮した佐渡裕もOBです。

京子◆あら先輩、アートやクラシックに興味ありましたっけ？

太郎◆取材に役立つとあらば、何でも勉強するさ。京都と音楽といえばロームの創業者、佐藤研一郎名誉会長の名は欠かせません。小澤征爾の支持者として知られ、株式上場益をもとに財団「ロームミュージックファンデーション」を１９９１年（平成3年）に創設。国内外の若手音楽家の育成に情熱を注いでいます。

京子◆ご自身も真剣にピアニストを目指していた方ですしね。２０１１年は京都を代表するホール、京都会館の命名権をロームが50億円で購入すると発表し、話題になりました。

太郎◆ネーミングライツでは過去最高級の金額ですよね。

京子◆ちなみに市芸の音楽学部の前身、市立音楽短大ができたのは戦後の１９５２年（昭和27年）。初代学長は京大名誉教授だった堀場信吉さんでした。

太郎◆堀場って、ひょっとして……。

京子◆そうなんです。堀場厚・堀場製作所会長兼社長の祖父、同社創業者の堀場雅夫氏の父君ですね。

部長◆うーむ、それは知らなかったぞ。

京子◆久々に部長から１本とりました！

テレビで
時代劇が減って
けしからん。
BS、CSの時代ですよ、
部長。

其の五

かつて日本第4位の都市だった「伏見」の奥深さに迫る

京都、といっても存外広いもの。行政上は京都市伏見区と呼ばれるあたりは、「伏見と京都は違う」という人もいるほど、独特の魅力があふれるエリアです。

酒の肴《さかな》は「鳥羽伏見の戦い」の弾痕!?

東太郎◆会社に戻ってくる途中で、在原業平邸という石碑を見つけました。1200年前の貴族ですよね。京都で「先の大戦」といえば第2次世界大戦でなくて応仁の乱だ、という話はよく聞きますが、なるほど昔の人にまつわる碑があちこちにあるなんて、毎回びっくりします。

竹屋町京子◆地元出身の私でも歩いていると発見の連続で、新鮮な驚きがあって面白いですよね。でも、年間5000万人といわれる観光客の多くが訪れるのは主に京都駅より北側。隠れ歴女の私に言わせれば、南に位置する伏見は穴場なんですよ。「京都に行ったけど、人ごみがひどくて疲れただけ」なんてことはまずないわ。

岩石部長◆伏見という街は、豊臣秀吉が築城した伏見城の城下町だったこともあるし、幕末の鳥羽・伏見の戦いの戦場となったこともある。歴史のなかで幾たびも重要な舞台となってきたんだ。坂本龍馬が襲撃された寺田屋事件で有名な寺田屋も伏見にある。一度焼失して再建され

2010年の大河ドラマ「龍馬伝」効果でにぎわった寺田屋

たものらしいが、当時の雰囲気が感じられるぞ。

京子◆寺田屋といえば、２０１０年はＮＨＫの大河ドラマ効果もあって大いににぎわいましたね。寺田屋近くの川辺には２０１１年9月、龍馬とおりょうの像が新設されたの。寺田屋自体も入場料（大人４００円）を払えば見学できるわ。

部長◆歴史ある街には食もある。２０１１年版のミシュランガイドには伏見区から2店の料理屋が選ばれた。２つ星を獲得した日本料理店の魚三楼は、幕末に起きた鳥羽伏見の戦いによる弾痕が駒寄の格子に残っていることで有名だ。弾痕を酒のさかなにできるなんて、そうそうお目にかかれないぞ。

京子◆近鉄の桃山御陵前駅近くにある御香宮神社は、鳥羽伏見の戦いで薩摩藩の本営として使われたことで知られるわよ。神社近くのマンションにも、伏見奉行所があったことを示す記念碑が建ってます。

太郎◆私のようなアウトドア好きには、4月から11月までですが宇治川の派流を走る観光船がおすすめですね。伏見は江戸時代、大阪・天満を結ぶ三十石船や京都二条を結ぶ高瀬舟の拠点として栄えたんです。船から見上げる街の姿は格別ですよ。

さらに ここだけの話

京都はどこまでキョウトなの？

神奈川県と横浜市、愛知県と名古屋市のように、都道府県名と県庁所在地の名前が異なる場合がある。一方、京都は府も市も京都。府下どこの人でも「京都人」を名乗っていいはずだが、そこは微妙らしい。自己紹介で「京都出身といっても厳密には○○市ですから、なんちゃって京都です」とわざわざ付け加える人もいる。

京都市という行政単位が誕生したのは１８８９年（明治22年）。上京《かみぎょう》、下京《しもぎょう》の２区で市制が敷かれた。「このエリアの住人こそ、真の京都人」と狭く定義する向きも。もっとも、市中心部はドーナツ化現象により人口が減少、90年代に入って小学校の統廃合も進んだ。

地価が下がったこともあり京都でも都心回帰が始まり、新しいマンションの建設が続いている。なかでも小学校名から新たに「御所南」と呼ばれるようになったゾーンは人気が高い。ただ、統廃合で生まれた名前に対し「ウチは御所からは遠いし、ちょっとなじめない」とボヤく向きも。

日本酒好きなら地酒ツアーでご機嫌になろう

京子◆伏見って兵庫の灘《なだ》と並ぶ酒所なんです。

太郎◆やわらかい軟水が特長で、硬水できりっとした印象の灘の「男酒」に対して伏見は「女酒」と呼ばれているんです。

京子◆伏見酒造組合のパンフレットに掲載されているだけでも、わずか1キロメートル四方に17軒の酒蔵メーカーがひしめいていますね。

部長◆店によっては、その場で利き酒が楽しめるように少量から売ってくれるところもある。伏見の中心にある大手筋商店街には、ほとんどの地元銘柄を用意している居酒屋もあるぞ。

太郎◆月桂冠の本社近くにある月桂冠大倉記念館は年間で10万人以上が訪れるそうです。お酒にまつわる博物館の見学や、昔の大吟醸の製法でつくった日本酒を飲むことができる利き酒が楽しめます。予約をすれば実際にお酒をつくっている蔵まで見学できます。

京子◆博物館には伏見城があったころの地図があり、歴女には魅力的ですよ。徳川家康ら戦国武将がどこに住んでいたかも一目瞭然《りょうぜん》で、政治、経済の両面で重要な街だったことがよく分かります。

部長◆伏見と京都は別、と言われるゆえんだな。1931年（昭和6年）に京都市に編入されるまでは伏見市、その前は伏見町だったし。

京子◆これからの季節は新酒も楽しみのひとつで、早ければ11月中にも新酒が並ぶお店が出てきます。一般の日本酒は生産してから半年ほど寝かせて味を調えますが、新酒特有の荒々しさが好きな人もいます。ワインだとボージョレ・ヌーボーにあたりますね。

伏見お散歩マップ

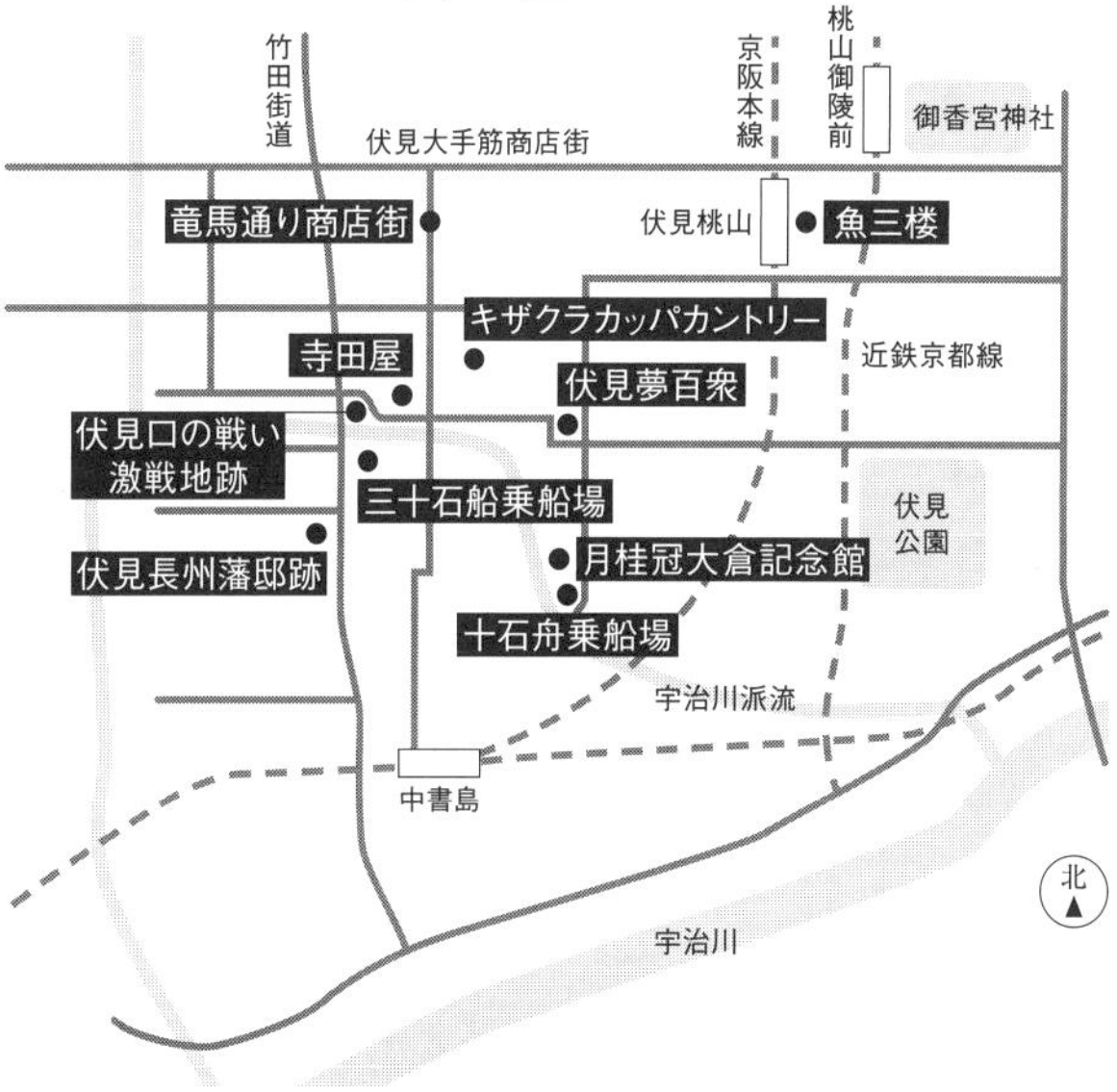

竹田街道
京阪本線
桃山御陵前
御香宮神社
伏見大手筋商店街
竜馬通り商店街
伏見桃山
魚三楼
キザクラカッパカントリー
近鉄京都線
寺田屋
伏見夢百衆
伏見口の戦い激戦地跡
三十石船乗船場
伏見公園
伏見長州藩邸跡
月桂冠大倉記念館
十石舟乗船場
宇治川派流
中書島
北
宇治川

戦国末期の伏見は、日本第4位の「大都市」だった

太郎◆でも、歴史とお酒、なぜどちらとも伏見なんでしょう。

部長◆いいところに気がついたな。実は伏見という地名は江戸時代、「伏水」とも表記されていたんだ。昔から水が豊かで、17世紀には酒造業が盛んになっていたというぞ。

京子◆日本酒に必要な上質の水を供給してきたのが、京都の地下にある水がめね。

太郎◆地下？　水がめ？

京子◆「京都水盆」と呼ばれているんですが、その量は211億トンともいわれているわ。大きさも東西12キロ、南北33キロでまさに琵琶湖級。伏見は京都の北部と比べて土地が低くなっているから、水が湧《わ》きやすくなっているの。

部長◆伏見に湧く水は、京都の地下を大きく対流してから上がっているんだな。雨として降ってから湧き上がってくるまで、実に100年を要するというぞ。

太郎◆えっ、ということは1世紀前の水を飲んでいるということですか。

部長◆古来、水に恵まれた地域には大きな都市が発展する。伏見城が完成した16世紀末の伏

見の人口は約6万人との説がある。当時の人口規模だと江戸、大坂、京都に次ぐ4番目の大きさだったらしい。

太郎◆全国4位の大都市ですか。こうして日本酒をいただけるのも、歴史を探訪できるのも、ひとえに水がめのおかげなんですね。

やわらかい京都の酒は「女酒」。
灘の「男酒」はキリッとしてる。
メチルは「目散る」で飲めません。

第四章

大人のための遊び方入門

其の一

食は路地裏にあり B級ならぬZ級グルメ

料亭や割烹《かっぽう》でいただく日本料理は京都らしい趣がありますが、サラリーマンや地元の人が日常的に通う店にも独特の魅力があふれ、話題になっています。

路地裏で女子会、ただしワインと天ぷらで

岩石部長◆ 料亭や割烹《かっぽう》が続くと、さすがに飽きるな。今日はユニークなところに出動したいぞ。

竹屋町京子◆ じゃあワインと天ぷら、なんて組み合わせはどうですか。最近、女友達と通っ

ているおしゃれな店があるんですよ。富小路通の四条を上がった東側なんですが。

太郎◆ワインと天ぷらで女子会？

京子◆ご存じないですか。「四富会館」といって、レトロな雰囲気が人気なんです。長屋のようなつくりで、ひとつの建物に10軒以上の飲食店が店を構えているんですよ。

部長◆おお、あそこは渋いよな。昭和な感じが落ち着くけど、言われてみれば若い女性も見かけるなあ。

京子◆焼き魚の店、天ぷら屋さん、ワインの専門店など、それぞれ個性的なお店ばかり。お客さんの8割が女性なんてお店もあって、女子会の会場としてもうってつけなんです。

入り口で店の選択に迷ってしまう「四富会館」

部長◆小さいと5人くらいで満員になる店もある。家庭的な雰囲気が喜ばれているんだ。バーのようなカウンターしかないお店がほとんどで、店員さんとの会話も楽しみのひとつだな。

京子◆欲張りな女性にとってうれしいのが、ちょっとだけ食べて、また次のお店に移れるシステムね。「四富会館にきたら3軒ははしごしないともったいないですよ」とアドバイスしてくれる店員さんもいるくらい。

太郎◆お二人とも詳しいですね。京都に住んでいる方でも知らない人のほうが多いんじゃないんですか。

京子◆確かに雑誌などで紹介されることは少ないわね。でも、「京都のお客さんの次に多いの

日本ワインの店「たすく」のように、四富会館は5、6人で満席になる店が多い

は東京の方」と日本ワインのお店「たすく」の女性店長さんが言ってたわ。

部長◆博多の屋台と似たようなイメージなんだろうな。決して祇園の真ん中にあるわけでもなく、高級ビルなわけでもないが、どのお店の店長さんも料理とお酒には自信をもっているんだ。

B級グルメ？　何を今さら、京都ならZ級

太郎◆いやいや。四富会館は行ったことなかったんですが、私も実は「路地裏系居酒屋」にハマっているんです。

京子◆彼女にフラれて一人飲みですか？

太郎◆うるさい！　四富会館が女性も集まるオシャレ系としたら、私が通っている「リド飲食街」は、サラリーマンの味方です。同じく5～10人くらいしか入れない店が集まっているんですが、雰囲気はちょっと違いますねえ。烏丸七条の交差点を１００メートルほど西に行った南側、京都タワーから歩いて数分です。

部長◆おや、リドに通っているなんて、おまえもいよいよ京都通の仲間入りかな。確かにリ

ドにはカラオケ設備のある店もあって、気持ちよさそうに熱唱している姿もちらほら見かける。

太郎◆「いよっ！」って掛け声が似合う世界ですね。

部長◆祇園のような花街にはちょっと飽きてしまった、という地元の〝上級者〟もリドには足しげく通っていると聞く。四富会館と比べて、よりディープ度を増した場所といえるな。

京子◆私はリドは未体験ですが、阪急西院駅近くの「折鶴会館」なら常連なんですよ。西大路四条交差点から西へ行った一筋目を南です。四富やリドと違うのは、立ち飲みの店もあることかしら。ザ・日常という空気感の強さは、B級グルメどころではなくてZ級で

京都のZ級居酒屋路地裏マップ

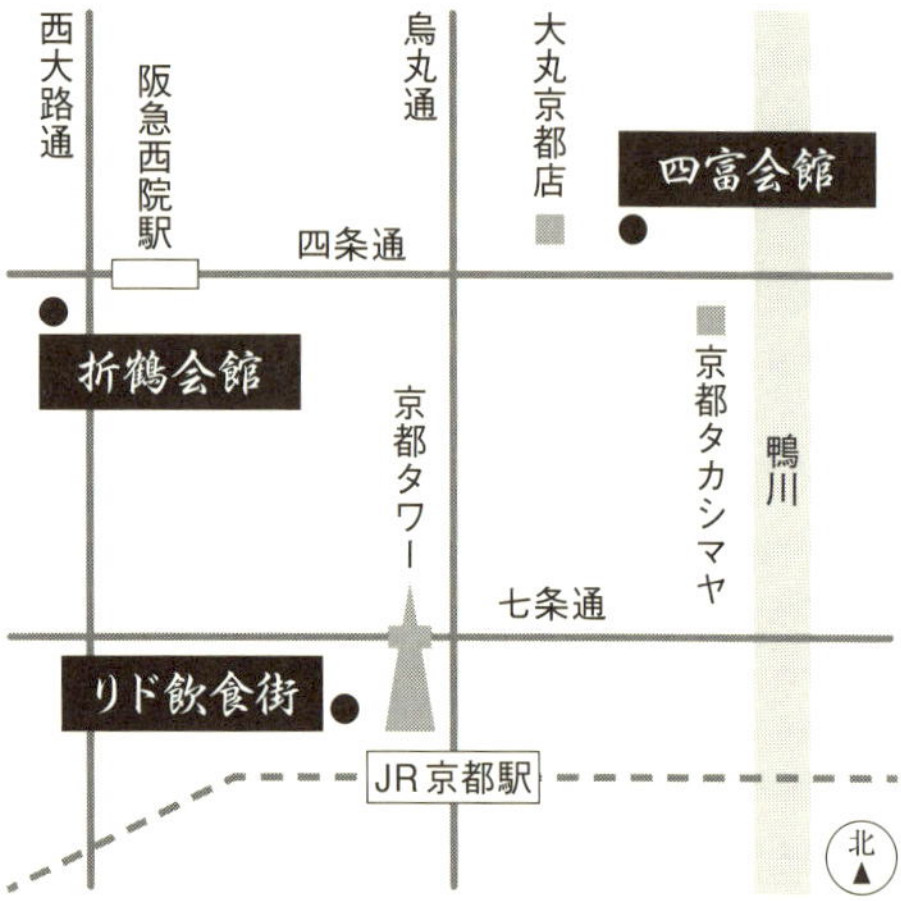

すよ。

部長◆ははは、Ｚ級か。Ｂ級イコール街おこし、みたいなイメージがあるからなあ。

京子◆祇園から連想される京都のイメージとは正反対ですが、どこも料理自慢であることに変わりはないわ。

太郎◆君もほんとにフィールドが広いねえ。立ち飲みにも足を踏み入れてるとは。

部長◆若さゆえのこの行動力。頼もしい限りだ。

京子◆２０１１年９月には折鶴会館の少し南に「屋台村　西院パラダイス」という店もできました。居酒屋だけじゃなく、ラーメン店やジェラートの店など８軒が入ってます。折鶴会館に店を構えている居酒屋も入居していて、とても人気が高いんですよ。

部長◆四富会館やリドと違う特徴があるのか？

京子◆店ごとの区切りがなくて、一挙にすべての店に注文できるところでしょう。いろんな店の料理を同時に楽しめるようになった新型の路地裏系として、通の間で注目されそうです。

すよ。

京都の街並み、発祥はオランダだった!?

太郎◆京都に間口の狭い店が多い理由、知ってます？　それもこれも節税対策が原因なんで

京子◆珍しいですね。太郎先輩からマジメなご発言。どういうことですか？

太郎◆江戸時代の京都では、現在のように家屋の面積ではなくて、間口の長さで税を決める間口税を採用していたんです。国税庁によると、この間口税のために京都の家の多くは正面から見ると小さいけど、中に入ると奥行きがあって面積が広い、というケースが多いそうです。

部長◆税を少しでも減らそうとする知恵だな。

京子◆確かに四富会館の建物の奥行きは、間口からは想像できないほどありますもんね。東京から来た友人を連れて行ったら「遊園地みたい」と表現してました。

太郎◆路地裏系でない飲食店でも、店にたどり着くまで長くて細い通路を通らなければいけなかったりすることがよくあります。

部長◆この間口税で有名なひとりが、江戸時代に財政再建に取り組んだ田沼意次だな。さら

さらに ここだけの話

財布のヒモが緩むのも「食」、しかし……

少し古いデータだが、２００９年の観光客１人あたりの食事代は３７９７円と、10年前に比べて２割もアップしている。デフレ時代にもかかわらず、と考えれば旅先での食に対する期待の高さがうかがえる。料理人も一流どころが多くそろい、行政を巻き込んで和食を「世界遺産」に認定してもらおうとする動きも、京都から始まっている。

ただし、飲食業者に対する目線は厳しい街だ。新規出店で目立つパターンは、東京など外部からの進出や、異業種でもうけたオーナーによる「趣味と実益を兼ねて」の参入。もちろん成功例もあるが、京都には〝難敵〟が待ち構えている。①財布に余裕があって舌も肥えている食い道楽②食生活にもコストパフォーマンスを追求する倹約家――という、２タイプの人たちだ。市の人口は１４７万人と、東京に比べれば小さな街。口コミの威力は大きく「あそこの店、あかんわ」「店の名前にわざわざ『京』って入れてはるけど……」となると、失速は思いのほか早い。

おしゃれな店に飽きたら、
リド飲食街へ。
私は四富会館で
天ぷらにワイン！
折鶴会館で
グダグダやるのもいいぞ。

に元をたどると、間口税そのものはオランダの税制を参考にしているそうだ。

京子◆とすると、京都の街並みはオランダ発祥っていうことですか？　そこまでいくと、なんだかイメージが沸きにくいですが……。

太郎◆間口の狭さは、利便性はともかく情緒がありますよね。「さあ、ここから先は別世界だ」っていう感じがぐっと高まります。京町屋のつくりは間口の狭さ自体が大前提となっているところもあるし。こんな話を聞くと、京都の街歩きがますます楽しみになってきますよね。

其の二

お寺で宿泊、座禅……大人の修学旅行

清水寺に金閣寺、銀閣寺など名所が多い京都の「お寺」ですが、修学旅行で何カ所も巡って疲れたという人も多いはず。じっくり風情を味わえる、大人のための楽しみ方を紹介します。

一晩20万円で貸し切りOK

東太郎◆おはようございまーす！

岩石部長◆今日も威勢がいいな。おい、朝っぱらから汗をかいてるじゃないか。

竹屋町京子◆ホントだ。もしかしてまた朝から自転車でお寺に行ってきたんですか？

太郎◆バレましたか。はやりの朝活です。清水寺は朝6時から拝観できるので、出社前の時間を利用しました。ほら、この朱印帳にもお寺の名前が増えてきましたよ。

京子◆有名どころはほとんど回った感じですね。確かに朝は観光客も少ないのでおすすめです。

部長◆特に夏場は涼しいうちに拝観するのも手だな。朝もいいが、日が落ちてから訪れるお寺もいいもんだぞ。

太郎◆拝観時間は夕方までじゃないんですか？

心静かに……とは限らない、
寺院の利用法がある

京子◆期間限定でライトアップしたり、夜間拝観を受け付けたりしているお寺も多いですよ。私が子どものころはライトアップなんてなかったんですが、1990年代から一気に普及しましたね。

部長◆ライトアップだけじゃない。貸し切りパーティーができるお寺もあるぞ。

太郎◆そんなこともできるんですか。でも、お金がかかりそうですね。

部長◆高級料亭に比べれば安くすむ場合もあるんだ。例えば東山の青蓮院では、最大70人入れる「華頂殿」と「小御所」を一晩20万円の志納《しのう》料で借りられる。料理は仕出し業者などに別途頼む必要があるがな。

京子◆私の取材先でも、得意先をもてなすためにお寺でパーティーを開催している企業がありますよ。グラスを片手に庭を散策でき、全国から集まったお客さんに喜ばれるそうです。

太郎◆なるほど、特別な楽しみ方ですね。中学校の修学旅行で京都に来た時には想像もしませんでした。

1泊朝食付きの座禅体験？

京子◆そういえば、私のいとこは清水寺で結婚式を挙げていました。「清水の舞台」を背景に撮った写真がすてきでしたよ。

太郎◆えっ、お寺で結婚式ですか。熱心な仏教徒なんですね。

京子◆そうでもないんです。それに宗派に関係なく挙式できるお寺も多いんです。

部長◆教会や神社に比べれば件数は少ないが、寺社挙式は大手のブライダル業者も扱っているぞ。気に入ったお寺があるカップルにはいいんじゃないか。

太郎◆残念ながら、しばらく結婚の予定があ

さらに ここだけの話

意外に厳しい？ 京都のお寺の経営

「お寺は税金がかからなくて良いですねってよく言われますけど、法人税をとられたらつぶれますよ！」……京都の寺社関係者からこんな話を聞いた。

たしかに檀家からのお布施は減少傾向にあるし、大規模な寺院では屋根のふき替えだけで1億円近い費用がかかることも珍しくない。宿坊などは収益事業と見なされるため、法人税の課税対象にもなる。観光客が絶えない一部のお寺は別として、京都のお寺の実情は楽ではないのだ。

りませんので……。知る人ぞ知るお寺の楽しみ方、ほかにはないですか。

京子◆先輩にぴったりなのがありますよ。修行で根性をたたき直してもらうんです。

部長◆それはいい。臨済宗妙心寺派の総本山、妙心寺では定期的に座禅の会を開いている。毎月6、7、8日の早朝には「禅道会」、8月と年末年始を除く毎週土日には「大衆禅堂」があるぞ。大衆禅堂は1泊朝食付きだから、旅行中に訪れる京都通もいるそうだ。

太郎◆土日なら会社員も参加しやすいですね。私も体験してみましょうか。

部長◆生半可な気持ちで行くのはおすすめしないな。座禅に耐えられず、1日目にリタイアする人もいる。初心者は写経あたりからチャレンジするのがいいんじゃないか。

高級ホテル並みの宿坊だってある

京子◆臨済宗は禅宗ですし、本格的なんですね。もちろん、修行せずに宿泊できるお寺もあります。いわゆる「宿坊」ですね。

太郎◆知恩院が2011年に建て替えた「和順会館」はホテルの客室並みに快適と聞きました。

京都の主な宿坊

施設名	宿泊料金／電話番号	特徴
本願寺聞法会館	7350円 075-342-1122	和室、洋室など66室。 朝食は和洋食バイキング
知恩院和順会館	6000円から 075-205-5013	2011年2月に改装。 高級感のある内装で洋室が中心
智積院会館	6500円 075-541-5363	早朝のお勤めは全員参加。 手ぬぐいなど記念品あり
長楽寺遊行庵	8000円から 075-532-2770	祇園の観光名所に近い。 別料金で写経室が利用可能
仁和寺御室会館	6000円 075-464-3664	開門前の境内を散策できる。 特に桜の季節は人気
妙心寺大心院	5000円 075-461-5714	電話と往復はがきでの 申し込みが必要。冬はコタツあり
妙心寺東林院	5250円 075-463-1334	食事は料理人としても知られる 住職手製の精進料理
妙蓮寺	3800円 075-451-3527	食事の持ち込み可能。 周辺の銭湯の入浴券付き
宝筐院	5000円 075-861-0610	女性専用。 相部屋になる場合もあり
鹿王院	4500円 075-861-1645	女性専用。 早朝の座禅は全員参加

知恩院の「和順会館」は宿坊ながらホテルのような内装

部長◆浄土宗の宗祖・法然の800回忌に合わせて完成させたんだ。豪華な内装で話題になったな。

京子◆お寺のイメージそのままのところから、かなり高級感のあるところまで、宿坊といっても色々ですね。

太郎◆比叡山にある延暦寺会館は、大浴場から眺める琵琶湖が絶景です。根本中堂での朝のお勤めはケーブルカーもドライブウェーもオープンしていない朝6時半から。これに参加できるのは、宿泊客だけの〝特権〟なんですよ。

部長◆そういえば、毎年9月には中秋の名月に合わせて観月会を開くお寺も多い。お寺の庭から月を眺めるのは、やはり風情があるぞ。

京子◆お寺で開かれるイベントは京都市の観光情報サイト「京都観光Navi」などで確認できます。春や秋の観光シーズンは特別拝観も多いですから、要チェックです。

部長◆変わったイベントでは、境内でのコンサートや精進料理教室なんかもある。門をくぐったことのない人にも気軽に訪れてもらおうと、工夫しているところが多いようだな。

太郎◆ますますお寺めぐりに精が出そうです。

其の三

充実のナイトライフ 絶景夜桜に感激

夜が早い、というのは地方都市の共通事情ですが、最近はライトアップなど様々な工夫で魅力アップに努めています。コートを羽織って夜桜見物、というのも一興です。

忙しいビジネスマンは観光禁止なの!?

岩石部長◆お、今日は珍しく二人そろってお出かけか。最近、仲が良さそうじゃないか。

竹屋町京子◆ち、ちがいますよ部長。清水寺などがある東山地区を行灯《あんどん》でライトアップするイベント「東山花灯路《はなとうろ》」が3月10日から始まったんです。取材に行こうとしたら、太郎先輩も一緒に来るって言うんです。

東太郎◆２０１２年からは地元の電子部品メーカー、ロームの発光ダイオード（ＬＥＤ）を使っているんです。ロームを担当している記者として、取材に行くだけです。からかわないでください。

部長◆すまんすまん。実は二人に聞きたいことがあったんだ。桜のシーズンになると例によって混むしホテルもとれないしと、知り合いから泣きつかれたんだ。何かいい知恵ないか。

太郎◆確かに土日が休みのビジネスマンやＯＬにとって、桜や紅葉の繁忙期の京都観光はハードルが極めて高いですよね。土曜に泊まろうと思うと、ホテルや旅館によっては1カ月以上前から予約が埋まっているところもあります。

部長◆平日にうまく休めれば別ですが、年度末を挟む3、4月は何かと忙しい時期だしな。

船から見上げる夜桜ツアー

京子◆先輩、だからこその花灯路なんじゃないですか。あんどんが点灯するのは午後6時から9時半まで。頑張って東京駅から6時に新幹線に飛び乗れれば、京都駅には8時半には着きます。東山地区は京都駅からそう遠くないですから、十分間に合うんですよ。

部長◆なるほど。さすが観光担当記者だ。

太郎◆たしかに厳しい寒さが和らいでくるこの季節は、花灯路だけでなく桜や寺社のライトアップがぐっと増えますね。紅葉や桜といった自然目当ての観光客は多いですが、春なら夜観光がおすすめかもしれません。

京子◆お財布にも優しいんですよ。金曜と土曜では宿泊費の違いは一目瞭然。予約方法によって差はありますが、金曜なら土曜の半額以下で済むケースもあります。

部長◆ふむふむ。他にどんな夜のおすすめスポットがあるの？

太郎◆２０１２年でいうと、期

東山花灯路で見逃せないのが八坂の塔

待を集めているのが、平安神宮や博物館、美術館など文化施設が集まる岡崎地区の夜桜ですね。岡崎は琵琶湖から引いた疎水が流れていますが、十石舟という小型観光船で疎水沿いの桜を楽しめるようになります。往復約3キロ、約25分ですが、船からライトアップされた夜桜を鑑賞するなんて、なんだか貴族みたいじゃないですか。

京子◆桜の時期の十石舟運航はこれまでもあったけど、夜は初めての試みですよね。いつからでしたっけ？

太郎◆3月30日から4月15日の間は、午前9時半から夜は8時半までの営業予定。夜にこだわらないなら5月6日まで利用できます。料金は高校生以上が1000円、小中学生が500円です。

京都の夜の観光マップ

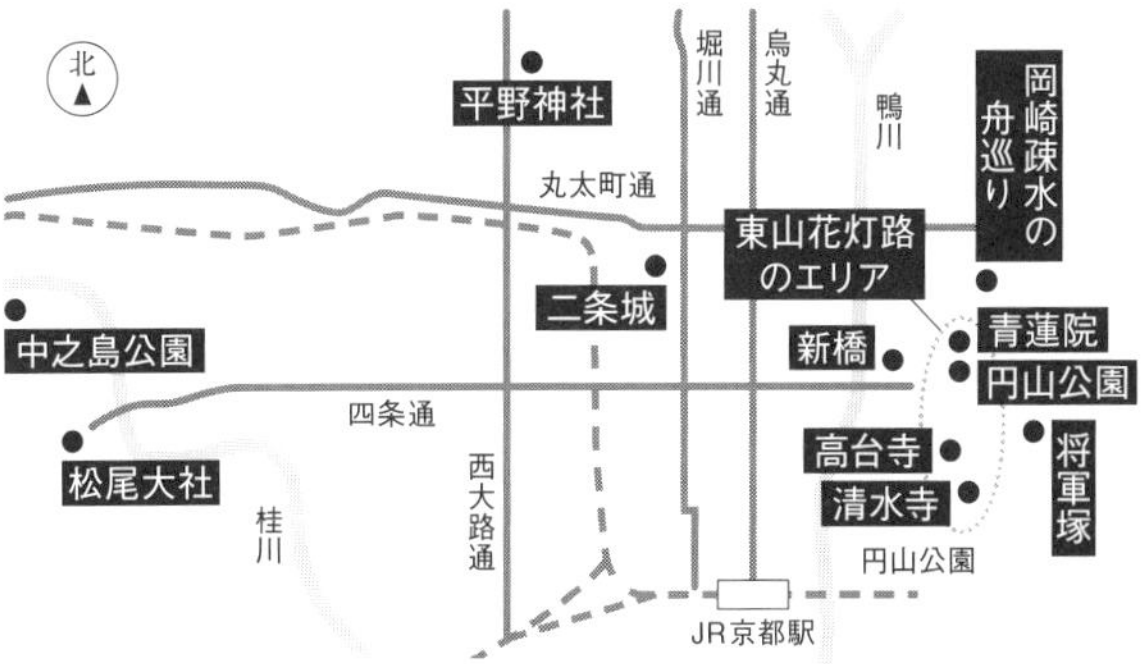

で、穴場の夜桜名所はどこに?

部長◆女性誌の4月号の表紙はピンクに彩られて京都気分を盛り上げるけど、桜なら八坂神社の裏手にあたる円山公園も枝垂れ桜で有名だな。ライトアップされるんだっけ?

京子◆3月中旬から4月中旬までやってますよ。4月上旬からは沿道にかがり火もたかれる予定です。ライトアップは深夜1時までなので、例年多くの人が花見を楽しんでいますね。

太郎◆東山や祇園地区では、将軍塚大日堂庭園や高台寺、清水寺、青蓮院といった神社仏閣も3月下旬くらいから一斉に夜間の特別拝観を実施します。

部長◆でもまあ、祇園や東山は金曜といっても混雑必至だな。

太郎◆穴場といえるかは微妙ですが、東山や祇園地区以外にもライトアップされる桜はたくさんありますよ。中之島公園や松尾大社は京都を代表する景勝地の嵐山近くです。

京子◆二条城もいいんじゃないですか? 灯台下暗しというか、市の中心部すぎるせいか、約220本の桜が咲く名所だということは意外と知られていない感じがします。

部長◆どれも良さそうで、選択に悩むな。

さらに ここだけの話

京都の夜といえば将軍塚、そして……

人気観光地の京都だが、多くの人が楽しみにしている桜や紅葉の見ごろは長くは続いてくれない。集客力が落ちる谷間の季節にありがたいのが修学旅行の団体だったが、少子化の時代にはさらなる需要喚起が必要となる。「花灯路」は自治体や経済団体が連携した、オフシーズンの観光振興策でもある。

東山花灯路に続き2年後の2005年からは、冬の12月上旬に嵐山花灯路がスタートした。人気の「竹林の小径」をはじめ約5キロの路上に行灯が置かれ、ムードを盛り上げる。周辺の寺社の特別拝観もある。

地元で有名なナイトスポットといえば、将軍塚。円山公園や高台寺の裏手にあり、展望台からは市内の夜景が一望できるデートスポットでもある。

変わり種は北区の深泥池《みどろがいけ》。珍しい浮島があるほか、貴重な動植物が群生し国の天然記念物に指定されているが、観光客はまず出かけない。京都の若者の間では長く〝心霊スポット〟として語り継がれている。

太郎◆妙心寺退蔵院が催している「観桜会」はどうしょう。要予約ですが、精進料理をいただきながらライトアップされた紅枝垂れ桜や名庭「余香苑《よこうえん》」を楽しむことができます。

京子◆桜以外のプラスアルファも求めるなら、私は平安神宮で開催される「紅しだれコンサート」をおすすめします。ピアノや弦楽、ギターを聴きながら観賞する桜は格別です。

夜桜見物、人気スポットが増えてますね。
平野神社の花見、面白かったたし。
それでもやっぱり、祇園か先斗町だな。

其の四

雨、満席、日焼け……京都の川床で失敗しない法

京都の夏の風物詩の一つが、川沿いの景色を眺めながら食事を楽しめる「川床《かわどこ》」。涼やかなイメージで人気ですが、下調べが不十分だと思わぬ失敗をすることもあります。川床を楽しむためのコツを紹介します。

床《ゆか》って呼んで下さい

岩石部長◈ 京都盆地の夏はうだるような暑さだ。こればかりは何年住んでいてもつらいな。

東太郎◈ 取材先を回っているうちにシャツが汗だくになるので大変です。最近は「節電の夏」

でエアコンの設定温度も下げられませんし。

竹屋町京子◆京都の暑さはどうにもなりませんけど、気持ちだけでも涼しく過ごしたいですね。鴨川沿いのお店では毎年、5月1日に川床の営業が始まります。地元の人は短く「床《ゆか》」と言うことも多いです。

部長◆おお、床か。去年の夏は何軒か回ったが、風情があって良かった。ただ、雨だと床が使えなくて店内の席になってしまうんだよなあ。遠方から来た人を連れて行ったときに限って雨が降り、残念がられたことがある。

太郎◆私も床にはあまり良い記憶がありません……。祇園祭を見に来るついでに床にも行きたいと両親に頼まれたんですが、どこもいっぱい

景色や涼感を味わいながら食事を楽しめる（中京区の「幾松」）

で予約が取れませんでした。

京子◆首都圏出身のサラリーマンにありがちな失敗ですね、と言いたいところですが、私も思ったより日差しが強くて床で日焼けしてしまったことがあります。

太郎◆地元出身者でも使いこなすのはなかなか難しいってことですね。せっかくですから、歴史も含めて京都の川床についておさらいしてみましょう。

明治時代までは鴨川の両岸に床が

部長◆歴史があって店の数が多いのは、やはり鴨川だな。二条大橋から五条大橋にかけてずらりと床が並んでいる。毎年6月の「本床開き」

現在は鴨川の右岸（西側）のみだが、かつては左岸にも川床があった

になると100軒近い店が床を出すんだ。

太郎◆鴨川では江戸時代から「納涼床」がにぎわっていたそうですね。現在は西側だけですが、以前は東側にも床があったと聞きました。

京子◆明治時代の前半までは両方の川岸から床が張り出していたようですよ。鴨川運河の開削などの工事によって、東側の床は姿を消してしまったんです。

ハモ料理にイタリアン、おしゃれなバーも

太郎◆鴨川の床で食事をして驚いたのは、ハモ（鱧）を使った料理を当たり前のように出す店が多いことです。高級魚のイメージがありますが、首都圏ではあまり食べませんね。

京子◆ハモは夏が旬ですし、祇園祭の別名を「鱧祭」というほど、京都では親しまれている食材ですからね。梅肉を添えて食べるのが一般的ですが、しゃぶしゃぶのように鍋にさっと通す「ハモしゃぶ」として出す店も多いですよ。

太郎◆本格的な懐石ですから、けっこう値が張りますよね。平均的な予算は1人8000～10000円ぐらいでしょうか。

部長◆懐石ならそれくらいが相場だが、日本料理店ばかりでもない。イタリアンや中華料理、それにバーなんかも意外に多いんだ。3000～4000円台で十分楽しめる店もあるから、探してみるといい。

京子◆5月と9月は昼間の営業もあってお手ごろですよ。ちなみに6～8月は炎天下で食材が変質しやすいので、衛生上の理由で昼営業を自粛しているそうです。

太郎◆京都の夏は夜でも暑いですからね。正直言って、初めて鴨川の床に上がった時はイメージよりも暑いなと思いました。

市内よりぐっと涼しい貴船にも

京子◆涼をとりたいなら「京都の奥座敷」と言われる貴船の川床はどうですか。山に囲まれているので、7～8月なら京都市内より8度ほど気温が低いですよ。

部長◆貴船の川床は鴨川よりも少なくて20軒ほどだが、5～9月

京都の5～9月の気温と降水量

	最高気温	最低気温	降水量
5月	24.6℃	14.0℃	160.8㎜
6月	27.8℃	18.8℃	214.0㎜
7月	31.5℃	23.2℃	220.4㎜
8月	33.3℃	24.3℃	132.1㎜
9月	28.8℃	20.3℃	176.2㎜

京都気象台の平年値

を通して昼の営業もやっている。5月はまだ夜が寒い日もあるから、昼のほうがお勧めだな。

太郎◆地図を見てみると、貴船川は賀茂川を通って鴨川に合流しています。かなり上流になるんですね。

京子◆アクセスこそ良くないですが、貴船も歴史のある土地です。観光エリアの中心にある貴船神社は創建不詳で、7世紀にすでに建て替えの記録が残っています。縁結びの社《やしろ》として知られており、参拝する人の8割近くが女性なんです。

部長◆貴船神社に参拝してから床で食事をするのが代表的なコースだ。鴨川と違って、アユやコイなどの川魚料理を中心にした店が多い。川の真上に敷き詰めた床机に座って料理をいただくんだが、これが風情があっていいんだ。

大雨が降った翌日は電話で確認しよう

京子◆一方で、貴船の泣きどころは雨に弱いことですね。晴れでも増水していると床に出られないことがありますから、大雨の次の日は電話で確認したほうが無難です。

部長◆貴船で最も歴史が古く、大正時代に床の営業を始めた料理旅館「ふじや」は水害で店

さらに ここだけの話

貴船の経営者はパソコンとにらめっこ

川床の利用者にとっても天候は気になるところだが、それ以上に神経をすり減らすのが床の営業をする料亭の経営者たちだ。特に交通の便が悪い貴船では、大雨が降るとキャンセルが相次ぎ、予約がほとんどゼロになってしまうこともある。昔から地元の人の間では「貴船は景気より天気」と言われている。

ある経営者によると「夏場は気象庁のウェブサイトに常時アクセスし、レーダーがとらえた雲の動きを10分ごとにチェックしている」。例えば今の時点では晴れていていても、30分後に雨が降りそうだと判断すれば、早めに食事を出していくという。

もちろん1週間の天気を読むことも重要だ。夏場は床のためにアルバイトを増員するのが一般的だが、大雨だとせっかく来てもらったのに仕事がないということになりかねない。ちなみに予約客から電話で天候などを聞かれた場合に「今降っているかは言えますが、床に出られるかどうかは来ていただくまで断言できません」とのことだった。

が3回流されたらしい。まさに自然と隣り合わせだな。

太郎◆予約して床に行く場合、雨だからといって店に入れないということはないですよね？

京子◆大丈夫。鴨川と同じく、雨の時は室内にきちんと確保してある代わりの席に通してもらえます。室内から広々と川を眺められるようにするなど、雨でも楽しめるように工夫している店もありますよ。

床で遊ぶなら、5、6、9月が狙い目？

太郎◆「京都本」は書店にたくさん並んでいますが、床に絞ったガイドブックは案外少ないですよね。なぜなんでしょうか。

京子◆それはきっと、夏しか売れないからでしょうね。雑誌は夏前になってから床の特集を組むことが多いんです。京都・滋賀の地域情報誌を発行しているリーフ・パブリケーションズは「京都の川床110」というムックを出していますよ。

部長◆お役立ち情報や注意点をまとめてみようか。まず鴨川にも貴船にも言えるが、5、6、9月は飲食代を安く設定している店が多い。床は夏のイメージがあるから、どうしても

7～8月に利用が集中するんだな。

太郎◆祇園祭の宵山の日には、前年から予約が入っていることもめずらしくないそうです。7、8月の週末は早めに店をおさえるか、避けたほうが無難ですね。

京子◆床はあくまで屋外ですから、日焼け止めや虫よけスプレーも持参した方がいいですよ。京都の気候も事前に調べておくとベストです。

太郎◆備えあれば憂いなしですね。今年こそ床を満喫させてもらいますよ！

お店を探す楽しみなら
鴨川ですね。
涼をとるなら、
やっぱり貴船だな。

其の五

皇居一周より楽しい鴨川ラン!?

毎年、春と秋は京都を訪れる観光客が最も多くなる時期です。神社仏閣を巡るのもいいですが、混雑を避けてランニングやハイキングを楽しむのも一興です。

おこしやす、京都マラソン

竹屋町京子◆２０１１年度は京阪神の「都市マラソン元年」でした。大阪、神戸、京都の３都市でそろってフルマラソンの大会が始まりましたからね。

岩石部長◆第１回の京都マラソンは東日本大震災からちょうど1年の２０１２年3月11日に

開催された。名古屋ウィメンズマラソンと日程が重なったが、倍率は3・3倍とまずまずの人気だったな。

東太郎◆やっぱり地元記者としては、京都マラソンにエントリーするべきでしょう！ 昨年の私はあえなく抽選漏れでしたが。

京子◆今年こそ当たるといいですね。でも東さん、そもそも42キロも走れるんでしたっけ？

太郎◆いや、当選したら頑張って練習しようかと……。

部長◆相変わらずだな。甘く見ない方がいいぞ。京都マラソンは7カ所の世界遺産を巡るのが売りだが、坂道が多くて初心者には大変なコースだ。竹屋町くん、市民ランナーの先輩として助言してやってくれ。

京子◆他のマラソン大会で走っておいたらどうですか？ 京都府も広いですから、各地で大会がありますよ。

太郎◆なるほど、取材で顔を出していない地域も多いなぁ。

京子◆場慣れするにはハーフや10キロの大会がおすすめです。お隣の滋賀県では「彦根シティマラソン」が人気ですよ。ゆるキャラ「ひこにゃん」のTシャツが参加賞なんです。

太郎◆普段の練習ではどこを走ればいいですか？

京子◆ランナーが多いのは鴨川ですね。河川敷が広いので気軽に走れる場所です。土の場所が多いのも、足に優しいですし。

太郎◆たしかに走っている人をよく見かけます。

部長◆iPS細胞の研究で有名な京都大学の山中伸弥教授も、昼休みを利用して鴨川を走っているらしい。ちなみに京都マラソンは4時間3分19秒のタイムで完走していたな。

京子◆年に3回、その名も「京都鴨川ゆっくりラン」という、有志による自主計測会があります。参加費は500円で、距離はフルマラソンから3キロまで。当日参加もオーケーです。

気軽に走れる「京都鴨川ゆっくりラン」には毎回、数百人のランナーが集う

さらに ここだけの話

交通規制でもめた京都マラソン

昔ながらの町並みが残る京都は広い道が少なく、渋滞が発生しやすい。フルマラソンの大会は駅伝と違って交通規制が長時間になるため、京都マラソンを開催するうえでハードルになったのも交通問題だった。大会を主催する京都市の担当者は2009年5月にコース案の作成を始め、約100通りのパターンを考えたが、大半は交通問題によってボツになった。

大会当日の交通規制を担当する京都府警との調整を重ね、ようやくコースが決まったのは11年7月。その後も京都府警は「交通量の抑制策が不十分なら開催は難しい」といった指摘を続け、府警との調整不足から、エントリーしたランナーへの抽選結果通知が1カ月遅れになるトラブルがあった。大会終了後には、交通安全対策費などが当初の見通しを大幅に上回り、大会運営費が予算を2億円以上オーバーしたことも判明。第2回大会では予算を確保するため、参加料を国内の都市マラソンで最も高い1万2000円に値上げすることになった。

太郎◆気軽に走れるのはいいですね。ぜひ参加したいです。

京子◆春になれば鴨川は桜の名所でもあります。走っていて楽しくなりますよ。

太郎◆ぜいたくなコースですねぇ。

京子◆京都御苑や二条城も地元のランナーが多いです。ただ昼間は観光客が多いので、走るなら早朝か夕方以降がいいですね。

部長◆京都御苑は1周すると約4キロ、二条城は約1・9キロ。タイムを計りながら走ることもできるな。

嵐山など、山道を走るトレイルランもある

部長◆京都は盆地だからか、最近は山道を走る「トレイルランニング」の愛好家も多い。鉄道の駅周辺でも、それらしい格好をした人をよく見るぞ。

太郎◆嵐山周辺の観光地に取材に行った時も、スポーツウエアで走っている一団を見かけました。

京子◆紅葉の名所、嵐山と東山でトレイルランニングのおすすめコースをまとめてみました。

部長◆鳥獣戯画で有名な高山寺から山を下りて嵐山駅に向かうコースと、銀閣寺周辺から大文字山に登って地下鉄の蹴上駅に向かうコースか。

京子◆どちらも10キロ程度のコースです。もちろん、ハイキングでゆっくり楽しむこともできます。

太郎◆携帯電話さえ持って行けば、画面で地図を見ながら走れますしね。

トレイルランニングやハイキングのおすすめコース

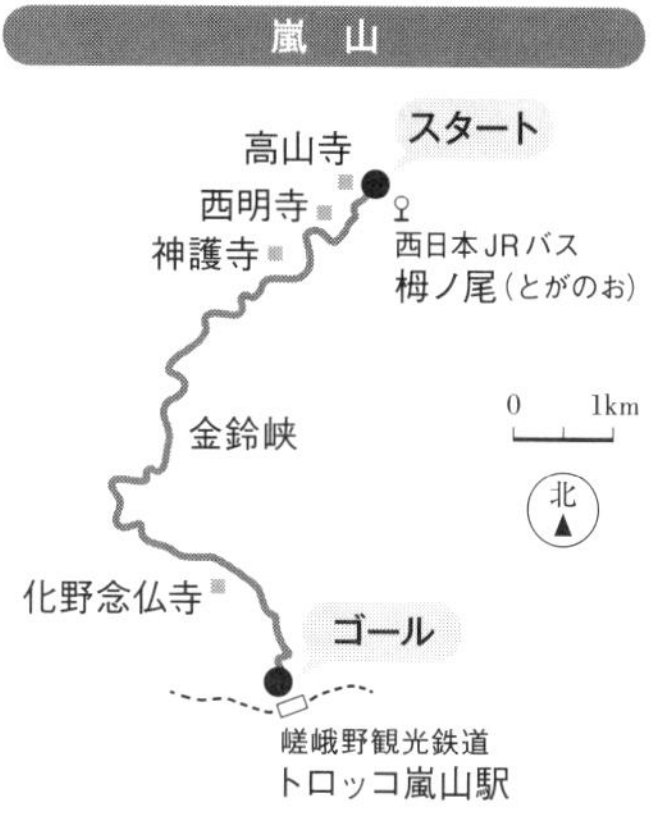
嵐山
スタート
高山寺
西明寺
神護寺
西日本JRバス
栂ノ尾（とがのお）
0
1km
金鈴峡
北
化野念仏寺
ゴール
嵯峨野観光鉄道
トロッコ嵐山駅

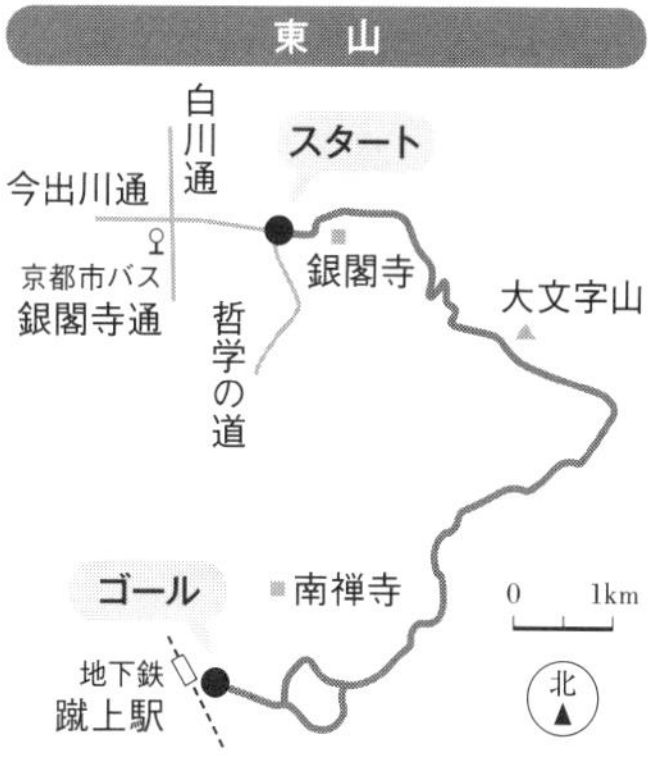
東山
白川通
スタート
今出川通
京都市バス
銀閣寺通
銀閣寺
大文字山
哲学の道
ゴール
南禅寺
0
1km
地下鉄
蹴上駅
北

京子◆先輩、紙の地図は必要ですよ！　インターネット上で公開されている地図には山道が載っていないことも多いですから。

部長◆それに走っていると、道案内の標識を見逃すこともあるしな。くれぐれも山を甘く見ないように。

スポーツの後のお楽しみ「銭湯」が多い

太郎◆皇居を走っている友人が「最近はランナーが増えて渋滞するんだ」と嘆いていました。京都ランに誘ってみようと思うんですが。

京子◆数は少ないですが、走る時に荷物を置いておいたりシャワーを浴びたりできる「ランニングステーション」が市内にいくつかありますよ。特に日帰りの場合は便利ですね。

部長◆銭湯と交渉してロッカーに荷物を置かせてもらう手もあるな。京都府内の入浴料は410円だ。

太郎◆京都の街中は銭湯が多いですよね。市内だけでも160軒あるそうです。観光気分で走って、一風呂あびて、居酒屋で1杯。あー、最高ですねえ。

京子◆走った直後にお風呂に入るのは、体に良くないですよ。ビールも控えめにしておかないと。

部長◆その通りだが、こればっかりは自己責任ということにしておいてやるか。

鴨川ランは増水に注意！
二条城ランは観光客との接触に注意！
大文字山ランは道に迷わないよう注意！

其の六

ホテルから居酒屋まで、穴場を外国人に教えてもらう

海外からも多くの旅行者が訪れる国際観光都市、京都。リピーターの中には、日本人より京都の文化に詳しい人もいます。外国人観光客の人気が高い、意外な穴場スポットを紹介します。

戻ってきた外国人観光客

東太郎◆東日本大震災の後は京都の観光産業も大変でしたが、最近は外国人の姿がかなり戻ってきましたね。ガイドブックを片手に散策している人をよく見かけます。

岩石部長◆たしかに清水寺あたりでは、団体の中国人客のにぎやかな話し声が戻ってきた。アジアからの観光客が増えていることを実感するな。

竹屋町京子◆京都市はもともと欧米からの観光客が多く、アジアからの観光客は3割弱でした。最近は円高の影響もあって潮目が変わってきた感じがしますね。

ホテルにレストラン、人気第1位は……

太郎◆外国人は京都のどこを観光しているんでしょう。やはりお寺ですかね。

部長◆清水寺と金閣寺は2大観光スポットになっているな。ずらっと並んだ5000基以上の鳥居で有名な伏見稲荷大社も人気がある。

京子◆伏見稲荷はチャン・ツィイーや渡辺謙が出演した映画「メモリーズ・オブ・ゲイシャ（邦題：ＳＡＹＵＲＩ）」にも登場しましたからね。これに限らず、映画を見て日本に興味を持ったという外国人はけっこう多いですよ。

太郎◆なるほど、イメージ先行って感じですか。持っているガイドブックも「Ｋｙｏｔｏ」ではなく「Ｊａｐａｎ」が圧倒的に多いですし、海外で入手できる情報は限定されますよね。

部長◆いやいや、最近はスマートフォンやタブレット端末で情報収集している外国人も多いみたいだぞ。日本人が知らない情報を持っている「京都通」もいるから、侮っちゃいかん。

京子◆例えば知恩院の近くにある「Mume（ムメ）」（2名1室2万3100円〜）ってホテル、知ってますか。客室が7室しかないデザインホテルなんですが、世界的な旅行口コミサイト「トリップアドバイザー」のランキングでは、京都のホテルでトップの評価を受けたんです。

部長◆ホテルでの勤務経験がない女性らが2009年に開業した新しい施設らしいな。赤を基調にした独特のデザインと「古い友人を招

トリップアドバイザーのランキングで京都市内トップになったホテル「Mume」

待するようなおもてなし」が受けて、口コミで人気が出たそうだ。宿泊客の9割近くが外国人だとか。

太郎◆すごいですね。京都の主要ホテルでは外国人客の比率が2～3割で、外資系のハイアットリージェンシー京都でも4～5割と聞きました。

京子◆ちなみにトリップアドバイザーはレストランのランキングも面白いですよ。石焼きの鶏料理店と気軽に入れる回転ずし店、「菊乃井」や「瓢亭」などの老舗料亭がトップを争っているのは変な感じもしますけど、隠れた名店が見つかることもあります。

錦市場は外国人にも人気

部長◆そういえば、和食への関心も高まっていると感じるな。健康的なイメージが手伝って海外では日本食レストランが増えている。せっかく日本に来たから、本格的な料亭だけでなく居酒屋や家庭料理の店を訪れたいというニーズも多いんだ。

太郎◆大丸京都店の裏に私がよく行く「百《ひゃく》」という立ち飲み居酒屋があるんです。メニューが100円と200円均一の割安な店なんですが、いつも外国人客でにぎわっていますよ。

さらに ここだけの話

京都のホテルをスルーする中国人客

もともと京都は米国や欧州、オーストラリアからの観光客が多く、アジアからの観光客の比率は約4分の1。日本全体とほぼ逆だった。最近では中国をはじめとするアジアの観光客の比率が高まりつつあるが、市内のホテルに宿泊する中国人客は意外に少ない。その主な理由は、京都のホテルは比較的稼働率が高く、価格も高めになっているためだ。一方で大阪には規模が大きいビジネスホテルが多く、団体客向けに思い切った料金割引を打ち出しやすい。

現在日本を訪れる中国人観光客のほとんどは「ゴールデンルート」と呼ばれる東京—大阪間の観光地を数日間かけてコースで巡るが、彼らを団体で送客する中国の旅行会社は「大人数なので宿泊料金を下げて」と求めることが多い。こうした事情から、京都の寺社などはバスツアーで回るが、宿泊は大阪のホテル……といった観光スタイルが定着しつつある。京都のホテルとしては、個人で京都を訪れる中国人の宿泊を増やすことが課題になりそうだ。

部長◆京都は大学の街で留学生も多い。その人脈、情報のつながりで、思わぬ店が外国人で混雑している、なんてこともあるな。

京子◆外国人向けに体験プログラムを販売するワックジャパンでは、京都の一般家庭を訪問して巻きずしと天ぷらを一緒に作る料理教室の申し込みが増えています。イギリス人夫婦は「母国ではカリフォルニアロールくらいしか見ないので新鮮」と話していましたよ。ベジタリアンに対応したメニューも用意しています。

部長◆富裕層の外国人客には、料理人と一緒に錦市場などに出かけて食材や酒を選ぶツアーが人気だそうだ。料理人がどういう生活をしているのかに興味があるんだろうな。

京子◆「体験・交流」はキーワードになっている気がしますね。京都市内では相部屋に1泊2000円~3000円で泊まれるゲストハウスもかなり増えました。日本人の普段の暮らしを知りたい外国人にとっては、宿泊客同士で気軽に話せるのが魅力に映るようです。

斬新? マンガ風の似顔絵コーナー

太郎◆そもそも外国人は京都に対してどんなイメージを持っているんでしょう? 国内では

代表的な観光地ですが、海外でも有名なんですか。

京子◆うーん、実は日本を初めて訪れる人は京都についてあまり知らないようです。極端な話だと、中国の都市だと思っている人もいますし。

部長◆1週間～10日ほどの行程で日本を訪れる場合、成田から入国して東京を中心に観光し、余裕があれば京都にも足を伸ばして1、2泊というパターンが一般的だな。そこで初めて京都を気に入り、リピーターになる、という人が多い。

太郎◆なるほど。歴史と文化がある奥深い街ですからね。京都に似ている街といったら、姉妹都市のパリですかね。

部長◆1990年代には鴨川にフランス風の橋を架ける計画があったし、門川大作市長もパリのレンタ

外国人観光客に人気がある京都の穴場スポット

場所	特徴
船岡温泉 （京都市北区）	1923年建築の元料理旅館の建物を生かした銭湯。登録有形文化財
井伊美術館 （京都市東山区）	甲冑（かっちゅう）や刀剣を集めた美術館。よろいの着用体験が可能
NINJA TOKYO （京都市中京区）	忍術をテーマにした余興が楽しめるレストラン。お土産も充実
京都国際マンガミュージアム （京都市中京区）	小学校の旧校舎を改修した施設。マンガなどの所蔵資料は約30万点
京都ハンディクラフトセンター （京都市左京区）	外国人観光客向けにビッグサイズの草履やTシャツなどを販売
レストラン　ラ・トゥール （京都市左京区）	京都大学の構内にあるフランス料理レストラン。定期演奏会の開催も

サイクル「ヴェリブ」を視察したことがある。パリは京都の人が「似ている」と呼ばれて喜ぶ唯一の地名かもな。

京子◆それは言い過ぎでは……。パリは現在も首都ですし、ちょっと雰囲気が違うと思いますよ。歴史の街という意味では、京都はフィレンツェやベネチアに似ているとも言われます。

部長◆歴史のある伝統産業と最先端産業が混在しているところも京都の魅力だ。任天堂の本社がある京都としては、ゲームやマンガ、映画などのコンテンツ産業を観光振興に役立ててほしいところだな。

京子◆小学校の校舎を改修した「京都国際マンガミュージアム」も根強い人気があります。外

利用者の１～２割が外国人の京都国際マンガミュージアム

外国人に人気の
おすすめスポット
といえば？
デザインホテルの
「MUME」ですかね。
居酒屋「百《ひゃく》」が一押しです！

国語版のマンガを置いたコーナーや、似顔絵コーナーの利用が多いんです。似顔絵描きは外国の路上の方がよく見かけますが、マンガ風に書いてもらえるのは新鮮なようですね。穴場スポットを表にまとめてみました。

太郎◆日本人でも楽しめそうな場所ばかりで驚きです。京都の楽しみ方は外国人リポーターならぬリピーターに聞け、ですね！

部長◆君も日本人リポーターの代表として、彼らに負けないように取材してくれよ。

其の七

あなたもつける除夜の鐘　年越しは京のお寺で

折々の行事を大切にする古都、京都。外から来た人も味わえる、年末年始ならではの風物を追ってみましょう。

「あの寺」でつけば、気分は秀吉？

岩石部長◆年末も京都にいるなら、除夜の鐘でもついてきたらどうだ？

東太郎◆あれって、お坊さんがついてるんじゃなかったんですか？

竹屋町京子◆そうとは限りませんよ。檀家さんや一般に開放しているところは多いし、私も子どものころはよく出かけました。知恩院のように僧侶限りの寺もありますが。

部長◆知恩院の鐘は僧侶16人が子綱を引き、親綱を持つ人が全体重をかけてつく大型のもの。一般人が簡単につける鐘じゃないしな。

京子◆自分でついてみたいなら、例えば方広寺はどうですか？　豊臣秀吉が創建した寺で、境内には「国家安康」「君臣豊楽」と銘が刻まれた鐘がありますよ。

部長◆徳川家康が豊臣家を追い込むきっかけにした、方広寺鐘銘事件の鐘だな。

太郎◆そんな有名な鐘を誰でもつけるなんて。京都って、すごい街ですねえ。

部長◆失敗した経験から言うが、鐘は力任せにつくもんじゃないぞ。

京子◆そうですよ。力むときれいに響かないから不思議ですね。

誰でもつける除夜の鐘

寺名	最寄りの市バス停
真如堂	真如堂前
永観堂	南禅寺・永観堂道
方広寺	博物館・三十三間堂前
法然院	錦林車庫前
智積院	東山七条
青蓮院	神宮道
壬生寺	壬生寺道
相国寺	今出川（地下鉄）
大覚寺	大覚寺（京都バス）
天龍寺	嵐山（京福電鉄）
二尊院	嵯峨釈迦堂前（京都バス）

「パフォーミング・アート」を味わう

太郎◆２０１０年の大みそかは雪が積もったそうですが、寒いなかで行列するのはちょっと……。

京子◆寺院によっては甘酒やそば、ミカンなどをふるまってくれるところもあります。たき火をたいているところも多いので、風情がありますよ。

太郎◆行列したはいいけど定員オーバー、なんてガッカリはいやだなあ。

部長◆事前に整理券を配布する寺院や「１グループで１回」と制限するところがある一方で、青蓮院や法然院のように「並んでいただい

2010年の大みそかは雪景色となった頂妙寺での除夜の鐘

さらに ここだけの話

寺社めぐりで考えたい、宗教と向き合う自分

「12月25日から整理券配布」（清水寺）、「当日22時ごろから整理券を108枚配布」（高台寺）などのように、早めの準備が必要な寺院や回数に限りがあるところにまで広げれば、表にあげた寺院以外にも除夜の鐘をつける機会はぐんと増える。

寺院や神社を訪れる人の間で最近、人気を集めているのが、朱印集めだ。見た目も美しく、旅のいい記念になる。「スタンプラリー」化しており、朱印帳も売られている。四国八十八カ所「お遍路」をはじめ、巡礼は古くから人々を引き付ける魅力がある。人々と寺社との関係には色々あるが、敷居はもちろん低い方がいいだろう。

一方で東本願寺や西本願寺のように「朱印をもらって達成感に腰を落ち着けてしまい、教えを聞き続けようと立ち上がらなくていいのか」と問いかけ、朱印をしない寺院もある。見学スポットになっている京都の寺社を観光するだけでなく、宗教に対する考えを深める機会にしたい。

た限りは……」と108つを超えてもOKのところもある。一覧表にまとめたぞ。

京子◆そもそも論ですが、普段ついてない人が「観光ついでに」っていうのは、どうなんですか？　並んでいる人たちのなかには、檀家の人もいるわけだし。

部長◆まあな。でも、例えば自分を見つめ直す機会としてなら、構わないんじゃないかな。

太郎◆何事も門外漢にはハードルを下げていただくことが肝要かと思います。私も心して臨みます。

京子◆そんなものかしら。だとすれば、暮れの京都でぜひ見てほしいのは、前にもオススメした六波羅蜜寺でやっている、空也踊躍《ゆやく》念仏です。本当に素晴らしくて、アートですよ、あれは。

部長◆ああ、去年みたよ。本堂に響く僧侶の読経や独特な動きは感動的で、今風にパフォーミング・アートと呼びたくなる気持ちは分かる。

京子◆念仏が弾圧された鎌倉時代に、外部から気づかれないように工夫したもの。宗教弾圧の名残ですから「かくれ念仏」と呼ばれています。

部長◆12月13日から始まり、最終日の大みそか以外は誰でも見られるぞ。

誰でも鐘をつける
寺院がありますね。
108を超えても
OKなのがありがたい。
気持ちをこめて下さいよ。

干支《えと》にちなむなら……

太郎◆初詣は皆さん、どこに行かれるんですか?

京子◆商売繁盛なら伏見稲荷大社でしょう。全国の稲荷神社の総本宮で、朱塗りの鳥居がトンネルのように続く「千本鳥居」が壮観ですよ。ちなみに2011年が「御鎮座1300年」でした。

部長◆お稲荷さんはちょっとしたオフィスビルでも、屋上にちょこんとあったりするからな。

京子◆太郎先輩みたいに勉強が必要な人なら、北野天満宮ですよ。学問の神様、菅原道真を祭った神社ですから。

太郎◆神頼みより、まずは自助努力です。

京子◆心構えは立派ですね。じゃあ、オフィスの机の上、きれいにしてから帰って下さいよ。

日経プレミアシリーズ｜169

京《きょう》都《と》ここだけの話《はなし》

二〇一二年九月一〇日　一刷

編者　日本経済新聞　京都支社

発行者　斎田久夫

発行所　日本経済新聞出版社
http://www.nikkeibook.com/
東京都千代田区大手町一―三―七　〒一〇〇―八〇六六
電話（〇三）三二七〇―〇二五一（代）

装幀　ベターデイズ

印刷・製本　凸版印刷株式会社

本書の無断複写複製（コピー）は、特定の場合を除き、著作者・出版社の権利侵害になります。

© Nikkei Inc., 2012

ISBN 978-4-532-26169-6　Printed in Japan

日経プレミアシリーズ115

江戸のお金の物語

鈴木浩三

「銭の単位は十進法、金は四進法と十進法、銀は秤で量って使う」「お茶や薬は銀、日用品は銭で支払う」――やたらと複雑だった江戸時代のお金は、いったいどのように作られ、稼がれ、使われていたのか。意外に知らない江戸の通貨事情をユニークなエピソードとともに紹介する。

日経プレミアシリーズ139

「上から目線」の構造

榎本博明

目上の人を平気で「できていない」と批判する若手社員、駅や飲食店で威張り散らす中高年から、「自分はこんなものではない」と根拠のない自信を持つ若者まで――なぜ「上から」なのか。なぜ「上から」が気になるのか。心理学的な見地から、そのメカニズムを徹底的に解剖する。

日経プレミアシリーズ143

人はなぜ〈上京〉するのか

難波功士

上昇志向か、漂流なのか、それとも「何気」に？　若者たちは何を求めて東京に集まるのか――『坂の上の雲』の時代から、団塊世代の集団就職、ギョーカイ人の時代を経て、『下妻物語』的ジモト志向に至るまで。時代により変遷する上京への社会意識をたどり、人口一極集中の本質を追う、はじめての〈上京〉論。

日経プレミアシリーズ151

いま中国人は何を考えているのか

加藤嘉一

日本人が抱く中国人のイメージは、その実像と大きくかけ離れる。「なぜスタバにショートサイズがないのか」「反日デモをする本当の理由とは」……。日中をまたにかけ活躍する著者が、現地での実体験から、中国人の意外な国民性、ものの考え方を詳しく紹介する。

日経プレミアシリーズ157

「すみません」の国

榎本博明

実は迷惑なのに「遊びに来てくださいね」と言いつつ暗に拒否している、「それはいいですね」と誘う、ホンネトークと銘打って本当のホンネは話さない……。なぜ日本人はこれほどわかりにくいのか？国際社会でも読み取りにくいとされる日本ならではのコミュニケーションの深層構造を心理学者が解剖する。

日経プレミアシリーズ158

中国人エリートは日本人をこう見る

中島　恵

なぜ日本が好きなのか。日本企業の何が素晴らしいと感じるのか。やっぱり不可解・不快な日本人の性格や行動とは何か――。日中両国に住む中国人の若手エリートおよそ100人が語る、本音ベースの日本論・日本人論。彼らの声に耳を傾ければ、私たちが意識しない「自分たちの姿」が見えてくる。

日経プレミアシリーズ160

リスク、不確実性、そして想定外

植村修一

災害、事故、電車の遅れ……。誰もがいつも「リスク」に直面しているが、その本質を理解する人は少ない。「ナポレオンの100日天下はなぜ終わったか」「信長はなぜ本能寺で討たれたか」など歴史の事象から、日常生活のトラブル、ドラマの主人公の失敗まで、バラエティに富んだ事例を交え、リスクとは何か、管理するにはどうすべきかをわかりやすく解き明かす。

日経プレミアシリーズ164

ヒッグス粒子と宇宙創成

竹内薫

万物に質量を与える素粒子、ヒッグス粒子の存在が提唱されておよそ半世紀。欧州合同原子核研究機構（CERN）は、ついにヒッグス粒子と見られる新粒子を「発見」した。ヒッグス粒子とは何なのか、どのように見つけ出されたのか、物理学の次の課題は……。尽きない疑問をわかりやすく解説する。

日経プレミアシリーズ167

聴かなくても語れるクラシック

中川右介

本書はクラシック音楽を好きになるための本ではなく、社会人として知っておきたい常識を身につけるための本です。「クラシックがグローバル展開できた理由」「ベートーヴェンの謹呈商法」「名門オーケストラの人事」などのネタは、商談や会議の場を盛り上げてくれることでしょう。